Heinrich Tidemann

Abriss der Geschichte der Freien Hansestadt Bremen

Heinrich Tidemann

Abriss der Geschichte der Freien Hansestadt Bremen

ISBN/EAN: 9783955640521

Auflage: 1

Erscheinungsjahr: 2013

Erscheinungsort: Bremen, Deutschland

EHV
HISTORY

Abriß

der

Geschichte der Freien Hansestadt Bremen

Von

Heinrich Tidemann
Oberlehrer an der Oberrealschule in Bremen

Halle a. d. S.
Verlag der Buchhandlung des Waisenhauses
1914

Inhalt.*

---

*) Diesem Abriß liegt im wesentlichen zugrunde: Wilhelm von Bippen, Geschichte der Stadt Bremen. 3 Bde. Bremen 1892—1904.

Mittelalter.

Frühgeschichte. Stammt auch die erste Nachricht über Bremen aus der Zeit Karls des Großen, so müssen wir doch annehmen, daß schon weit früher eine Ansiedlung auf dem Boden unsrer Stadt bestand. Hier tritt der Dünenzug Achim-Lesum nahe an das Ufer der Weser heran, ermöglichte den letzten bequemen Übergang über den Strom und damit den Verkehr zwischen der Unterelbe, Oldenburg, Ostfriesland und dem Rheine, während er zugleich in Zeiten der Überschwemmung den Weg zu den stromauf und -ab gelegenen Landschaften am rechten Ufer sicherte. Bis hierhin trägt die Flutwelle die Seeschiffe, hier setzt die Flußschiffahrt ins Oberland ein. Saftige Marschen aber zu Füßen der Düne laden zur Viehzucht ein. Diese Gunst der Lage veranlaßte sicherlich schon frühzeitig eine Siedlung, deren Bewohner aus der Weidewirtschaft, aber auch aus dem Verkehr als Fährleute, Schiffer und Schmiede Gewinn zogen. Sie lag vermutlich zwischen der Domdüne, die aller Wahrscheinlichkeit nach eine heidnische Kultusstätte trug, und der Weser. Dieser Lage dürfte Bremen auch seinen Namen verdanken, den man „am Rande gelegen" (nämlich der Düne) deutet (vgl. „verbrämen").

Die ältesten Bewohner unsrer Gegend, von denen wir Kunde besitzen, gehörten dem germanischen Stamme der Chauken an. Sie gingen später im Volke der Sachsen auf. Und als Hauptort des sächsischen Wichmodesgaus tritt Bremen während der Sachsenkriege Karls des Großen in die Geschichte ein.

Unter den Bischöfen.

Gründung des Bistums. Als der Frankenkönig glaubte, das Sachsenland nach achtjährigem Ringen unterworfen zu haben, ging er daran, es dem Christentum zu gewinnen und teilte es 780 in Missionssprengel ein. Als solchen überwies er den Wichmodesgau dem angelsächsischen Priester **Willehad** aus Northumberland, der sich schon als kühner
Glaubensbote in Ostfriesland ausgezeichnet hatte. 782 aber entbrannte 782

der Freiheitskampf, entflammt durch Widukind, von neuem. Auch die Wichmodier erhoben sich, Willehad mußte fliehen; in Bremen, das jetzt zum ersten Male genannt wird, starb ein Priester Gerval mit seinen Dienern den Märtyrertod. Nun suchte Karl auch unsern Gau heim, den bis dahin noch keine fränkischen Truppen betreten hatten, und führte nach Widukinds Übertritt 785 Willehad wieder in seinen Sprengel zurück.
787 787 erhob er ihn zum Bischof mit dem Sitze in Bremen. Der Apostel errichtete auf der Domdüne eine hölzerne Kirche, die
789 er am 1. November 789 Gott und dem heiligen Petrus weihte; aber schon am 8. November starb er auf einer Missionsreise zu Blexen. Seine Kirche fiel bald einem neuen Aufstande zum Opfer, den Karl durch wiederholte Feldzüge in unsre Gegend und durch Wegschleppen vieler Familien, an
804 deren Stelle fränkische traten, dämpfte. 804 endlich erlosch der Widerstand. Willehads Missionssprengel wurde nun der Kirche als Bistum eingegliedert, rasch faßte das Christentum festen Fuß, und an Stelle der Holzkirche Willehads wurde eine steinerne errichtet. Bremen als Mittelpunkt des religiösen Lebens in unsrer Gegend gewann seitdem durch die Fürsorge seiner Bischöfe und besonders durch deren Missionstätigkeit im skandinavischen Norden stets wachsende Bedeutung.

Die Erzbischöfe. Unter Willehads Nachfolgern ragt besonders
845–865 **Anskar** (845—865), einer der Gründer des Klosters Corvey an der Weser, hervor. Er hatte nach erfolgreichen Missionsreisen zu den Dänen und Wenden von Ludwig dem Frommen 831 das neu errichtete Bistum Hamburg erhalten. Da dies ein gefreites, d. i. keinem Erzbischof unterstehendes Bistum sein sollte, und der Papst Anskar bald nach der Bischofsweihe das Pallium, das Abzeichen des erzbischöflichen Ranges, verlieh, beanspruchte und behauptete Hamburg die erzbischöfliche Würde, die allerdings bald tatsächlich — formell erst 1223 — auf Bremen überging, denn schon 845 fiel Hamburg als Opfer der Normannenstürme, und Ludwig der Deutsche übertrug Anskar den eben erledigten Stuhl zu Bremen. Seitdem blieben beide Stifter vereinigt.

Die religiöse und kulturelle Aufgabe der bremischen Erzbischöfe war die Verbreitung des Christentums im skandinavischen Norden. Dieser Aufgabe konnten sie aber erst gerecht werden, als die Normannenzüge, die auch unsere Gegend heimsuchten, vorüber waren, und mit den Ottonen ein tüchtiges Herrschergeschlecht an die Spitze des Reiches trat. Unter Otto I. setzte eine kraftvolle Entwicklung Bremens und des Erzbistums ein. Des Kaisers Politik, seine Macht auf die geistlichen Großen zu stützen, kam auch unsrer Stadt zugute. Bald nach seinem Re-

gierungsantritt erhob er seinen Kanzler **Adaldag** (937—988) zum bremi- 937—988
schen Erzbischof und verlieh dem erprobten Ratgeber nach seiner Kaiser-
krönung am 10. August 965 das Recht, in Bremen einen *Markt* zu 10. August 965
errichten, den Marktzoll, das Münzrecht und alle Einkünfte, die der könig-
liche Fiskus aus dem Markte erheben konnte. Dieses kaiserliche Privileg
ist die Grundlage der weiteren Entwicklung Bremens. Der Erzbischof
konnte neben der freien bäuerlichen Bevölkerung und den Hörigen seiner
Kirche dem in Deutschland neu entstehenden Bürgertum eine Stätte bereiten. Vor dem Dom wurde ein Marktplatz abgesteckt und westlich davon
eine Kaufmannsstadt angelegt, deren älteste Teile zwischen der Martini-
straße und der Balge zu suchen sind. Ansiedler wurden herbeigerufen, bald
bevölkerte Bremen sich mit unternehmenden Kaufleuten — vornehmlich
wohl Friesen — und erwuchs unter Adaldags Nachfolgern zu einer durch
Wall und Graben geschützten Stadt. Schon zwei Jahre nach der Verleihung
des Marktrechts erweiterte Otto die Macht des Bischofs, indem er ihm am
27. Oktober 967 die volle *gräfliche Gerichtsbarkeit* über alles 967
Kirchengut in seiner Diözese übertrug. Dadurch wurde das Erzstift terri-
torialer Stand des Reichs, der *Erzbischof Reichsfürst*, dem volle
Gerichtsbarkeit und der Heerbann zustand. Diesen Privilegien Ottos I.
fügte Konrad II. am 16. Oktober 1035 noch das Recht hinzu, zwei Jahr-
märkte abzuhalten, deren einer noch heute als Freimarkt besteht. — Den
Kaufleuten des neuen Marktes aber wies Adaldag durch seine Missionstätigkeit die Bahn nach dem Norden, indem er die von seinen Vorgängern
wieder aufgenommene Heidenbekehrung kräftig weiterführen ließ und unter
den Dänen und Wenden Suffraganbischöfe gewann. Gingen auch noch
zu seinen Lebzeiten nach Ottos II. frühem Tode die eben gewonnenen Kirchen-
provinzen durch die Aufstände der Dänen und Wenden wieder verloren,
so gelang es doch schon **Unwan** (1013—1030) durch kluge Politik Däne- 1013 bis 1030
mark, Schweden und Norwegen seiner Metropolitangewalt zu unterwerfen.
So strebte unser Erzbistum unter den Ottonen mächtig empor, um unter
den Saliern den Höhepunkt seiner Macht zu erreichen und dann jäh herab-
zustürzen.

Heinrichs III. und Heinrichs IV. Zeitgenosse **Adalbert** (1043—1072), 1043 bis 1072
ein Sproß des Grafenhauses von Goseck, strebte, die von Adaldag erworbene
weltliche Macht zu erweitern, indem er *die gräfliche Gewalt* durch
Unterwerfung aller Grafschaften in seiner Diözese zu einer *herzog-
lichen auszugestalten* trachtete. Er ließ sich von Heinrich III.,
dessen vornehmster Ratgeber auf der Synode zu Sutri er war, vor allem
aber von Heinrich IV., in dessen Anfängen er bekanntlich das Reich be-

herrschte, große Schenkungen machen, so das Gut Lesum, zu dem die Gestade des Landes Hadeln gehörten, das bremische Viland, einen Teil des Stedingerlandes, Bruchländereien am linken Weserufer und endlich die Grafschaft Stade. Aber diese gewaltige Machtentfaltung, sowie der alles überragende Einfluß Adalberts im Reiche erregten den Haß der andern Großen. 1066 zwangen sie zu Tribur Heinrich IV., seinen Ratgeber zu entlassen. Aber noch mehr! Durch das Bestreben, seine weltliche Macht auszubauen, hatte der Erzbischof die Billunger gereizt, welche unter den übrigen sächsischen Großen durch ausgedehnte Eigengüter und die große Zahl ihrer Grafschaften hervorragten und dazu die Herzogswürde besaßen, seit dem Verschwinden des sächsischen Stammesherzogtums allerdings nur
1066 ein Titel. Bis 1066 hatte der König seinen Freund geschützt, den Gestürzten aber zwang der Billunger Magnus zur Flucht und gestattete ihm erst für die Belehnung mit einem großen Teil des Kirchenguts die Rückkehr in sein Stift. Ein ähnliches Aufsteigen und Sinken erlebte Adalberts Kirchenpolitik. Es gelang ihm zu den nordischen Reichen Island, Grönland, die Orkneyinseln und das Reich des Wendenfürsten Gottschalk in der Nähe des wiederaufgebauten Hamburg in den Bereich seines Erzbistums zu ziehen. Aber schon regte sich in Dänemark und den skandinavischen Staaten der Wille, sich durch Errichtung eines eigenen Erzbistums der bremischen Kirche zu entziehen. Dem zu begegnen, plante Adalbert die Errichtung eines nordischen Patriarchats in Bremen, dem das oder die nordischen Erzbistümer unterstellt sein sollten. Aber der Tod des dazu geneigten Papstes und Heinrichs III. vereitelten den Plan, ja Adalbert mußte es erleben, daß im Wendenland und in Schweden die heidnische Partei die Bischöfe verjagte.

Aufsteigen und Sturz des Erzbischofs spiegelten sich natürlich in den Geschicken der Stadt Bremen wieder.

Das Ansehen des Herrn und die weite Ausdehnung seines kirchlichen Machtbereichs im Norden förderten den Seehandel. Bremen wurde ein „nordisches Rom", auf seinem Markte fanden sich die Waren aller Völker. Nach dem Tage von Tribur aber zerstörte der Gestürzte selbst den blühenden Marktverkehr. Der von seinen Vorgängern angesammelte Kirchenschatz war für die Machterweiterung ausgegeben. Er griff deshalb zu Erpressungen an seinen Bürgern und fremden Kaufleuten. So verödete der bremische Markt rasch wieder. — Gegen Ende seines Lebens erblühte
1069 Adalbert noch einmal die Hoffnung, denn 1069 berief Heinrich IV., der sich von der Gewalt der Großen befreit hatte, ihn wieder zu sich. Entschlossen nahm er seine alten Pläne wieder auf, aber schon am 16. März

1072 ereilte ihn der Tod. Seine Taten zeichnete sein jüngerer Zeitgenosse, 1072
der bremische Domscholastiker Adam auf, der, auf Urkunden und mündlicher Überlieferung fußend, die Geschichte der Erzbischöfe von der Gründung des Erzbistums bis zu Adalberts Tod niederschrieb.

Wie Adalbert spielte sein Nachfolger **Liemar** (1072—1101) als treuer 1072 bis 1101
Anhänger und Ratgeber Heinrichs IV. eine hervorragende Rolle in der deutschen Geschichte. Schon 1074 trat er Gregors VII. Ansprüchen entgegen, indem er päpstlichen Legaten das Recht bestritt, in Deutschland eine Synode abzuhalten, 1077 begleitete er den König nach Canossa, wo er für ihn die Unterhandlungen mit dem Papste führte, und vermittelte wiederholt zwischen Heinrich und den aufständischen Sachsen. Aber Adalberts Verluste vermochte er nicht wettzumachen, ja er mußte, von dem Grafen Lothar von Supplinburg, dem späteren Kaiser, gefangen, sich durch Abtretung der bremischen Vogtei loskaufen. Lothar, der nach des letzten Billungers Magnus' Tod mit dessen Grafschaften auch die Herzogswürde erbte, ließ nun durch seine Vögte Grafschafts- und Marktgericht abhalten und die Einkünfte aus Zoll und Münze erheben. Dazu entfremdete sich der Norden der bremischen Kirche immer mehr, bis die Gründung des Erzbistums Lund unter Liemars Nachfolger die Trennung vollendete. Wiederholte Versuche der Erzbischöfe, die Rechte Bremens auf die nordische Kirche geltend zu machen, schlugen fehl. Das Erzbistum hatte seine Missionsaufgabe erfüllt. Nur einmal noch — am Ende des 12. Jh. betätigten sich bremische Geistliche — nicht der Erzbischof — als Apostel, indem sie dem Christentum Eingang in Livland verschafften. Zweimal besetzte der bremische Kirchenfürst das dort begründete Bistum; dann aber ging auch diese auswärtige Kirchenprovinz durch die Erhebung Rigas zum Erzbistum verloren.

So bleiben die bremischen Erzbischöfe — abgesehen von diesem Zwischenspiel — seit der Loslösung des Nordens auf ihr Erzbistum, Liemars nächste Nachfolger nur auf ihre geistliche Gewalt beschränkt.

Doch diese Beschränkung wurde unsrer Stadt zum Segen. Um neue Einnahmen zu gewinnen, überließ Heinrichs V. Zeitgenosse, **Friedrich**
(1103—1123), einen Teil der Bruchländereien um Bremen, wahrschein- 1103 bis 1123
lich das westliche Hollerland, einer Gesellschaft von Holländern zur Kolonisation als freies Eigen gegen jährlichen Grundzins und Zehnten. Friedrichs Nachfolger überließen in den nächsten 75 Jahren unter ähnlichen Bedingungen einen Teil des Stedingerlandes, das Ober- und Niedervıland, den östlichen Teil des Hollerlandes, Oberneuland und Rockwinkel, Osterholz und das Vahrenholter Feld holländischen Ansiedlern.

Diese kultivierten den Sumpfboden durch Eindeichen und Entwässern und schufen so eine weite Anbaufläche an beiden Ufern der Weser, die erst die Ernährung und damit die Entwicklung einer volkreichen Stadt ermöglichte.

Nach Lothars Tod übernahm der Welfe Heinrich der Stolze als dessen Erbe die Vogteirechte in Bremen. Dadurch wurde das Stift in den Kampf zwischen Staufern und Welfen verwickelt. Als Konrad III. Heinrich ächtete und Albrecht dem Bären das sächsische Herzogtum verlieh, plünderten welfische Parteigänger die Stadt, da sich der Erzbischof auf die Seite des Askaniers stellte. Nach dem Ausgleich zwischen Konrad und Heinrich dem Löwen brachte dieser außer der bremischen Vogtei auch die Grafschaft Stade in seinen Besitz und wußte unter Friedrichs I. Regierung die unumschränkte Gewalt im Erzbistum zu erringen.
1182 Doch als der Herzog 1182 gestürzt wurde, erlangte der Erzbischof mit einem Schlage seine alte Selbständigkeit und die Grafschaft Stade wieder, um sie während des Kampfes zwischen Philipp von Schwaben und Otto IV. von neuem an die Welfen zu verlieren. Zwiespältige Bischofswahlen verwirrten die Lage noch mehr. Endlich gelang es dem Erzbischof **Gerhard** II.
1212 bis 1255 (1212—1255) mit des Löwen Sohn, dem Pfalzgrafen Heinrich, einen Ausgleich zu erzielen; der Welfe trat alle Eigengüter in der Grafschaft Stade und die Propstei Wildeshausen an das Erzstift ab und entsagte allen Ansprüchen auf Münze, Zoll und Vogtei in Bremen. Dafür wurde er auf Lebenszeit mit Stade belehnt. Dennoch mußte Gerhard gegen des Pfalzgrafen Erben sein Recht auf die Grafschaft mit dem Schwerte behaupten, besonders indem er sich an dem Kampfe der niedersächsischen Fürsten und der Bürger von Lübeck gegen König Waldemar von Dänemark beteiligte. Dieser hatte, von den Welfen gefördert, 1215 die nordelbischen Lande unterworfen. Am 22. Juli 1227 schlugen ihn die Verbündeten bei Bornhöved. Gerhard II. führte den ersten Angriff in dieser Schlacht, die Holstein, Lübeck, Mecklenburg und Pommern von dänischer Herrschaft befreite. Hatte er bereits zu Beginn des Krieges die Grafschaft Stade ohne Widerspruch der Welfen besetzen können, so gewann er durch die Schlacht die Ditmarschen der bremischen Kirche. Damit schloß er die territoriale Entwicklung des Erzstiftes ab. — Er wandte sich nun der Befestigung seiner Macht innerhalb seines Gebietes zu und suchte die Stedinger wieder unter seine Gewalt zu bringen. Diese, niedersächsisch-friesische Bauern an beiden Ufern der Weser unterhalb Bremens, hatten die landesherrliche Gewalt des Erzbischofs abgeschüttelt. Als die tapferen Bauern ein gegen sie gesandtes Heer schlugen, beschloß Gerhard, sie auch mit geistlichen Waffen zu bekämpfen. Auf einer Synode

zu Bremen ließ er sie für Ketzer erklären und erlangte vom Papste Gregor IX. die Erlaubnis, einen Kreuzzug gegen die Verketzerten zu predigen. Auch Kaiser Friedrich II. trat dem Bischof zur Seite und ächtete die Stedinger. Durch die Kreuzpredigt der Dominikaner, die auch in unser Erzstift eingezogen waren, und die Hoffnung auf gute Beute gerufen, strömten von weit und breit Kreuzfahrer in Bremen zusammen. Auch die Unterstützung der Bürger wußte der Bischof zu gewinnen, indem er ihnen ansehnliche Vorteile (vgl. S. 12) zusicherte. Im Sommer 1233 wurde Oststedingen am linken Weserufer erobert und verwüstet. Die Weststedinger aber erwehrten sich in diesem Jahre noch ihrer Gegner. Erst im Jahre
darauf, am 27. Mai 1234, gelang es einem Kreuzheere, dem sich außer 1234
den Oldenburgern, zahlreiche Grafen links und rechts des Rheines angeschlossen hatten, die unglücklichen Bauern nach tapferem Widerstand bei Altenesch zusammenzuhauen. Das verwüstete und entvölkerte Gebiet wurde unter den Grafen von Oldenburg, dem Grafen von Stotel und dem Erzbischof geteilt.

So war es Gerhard II. gelungen, die Schäden, welche die Zeit der Wirren der erzbischöflichen Macht geschlagen hatte, zu heilen, aber schon stand ein neuer Gegner auf dem Plan, der seine landesherrlichen Rechte abzubauen drohte: das bremische Bürgertum.

Das Emporkommen des Bürgertums.

Seit der Erwerbung des Marktprivilegs durch Adaldag 965, hatte 965
Bremen sich immer mehr mit Kaufleuten bevölkert, die, persönlich frei, vom Erzbischof gegen eine jährliche Abgabe Grund und Boden zur Erbleihe hatten und dem erzbischöflichen Vogteigerichte unterstanden. Zur Teilnahme am Handel berechtigte sie die Zugehörigkeit zur Kaufmannsgilde, der „Hanse", in die sie durch eine Zahlung Aufnahme fanden. Alle aus dem Marktverkehr entspringenden Streitigkeiten schlichtete das Marktgericht, dem der erzbischöfliche Stadtvogt als Vorsitzender und angesessene Kaufleute als Urteilsfinder angehörten. Die Missionstätigkeit der Erzbischöfe wies dem Handel den Weg nach dem Norden, und bereits im 11. Jh. entwickelte sich ein regelmäßiger Verkehr von der Weser nach den Häfen der Nord- und Ostsee. Der jähe Niedergang des Handels nach Adalberts Sturz (vgl. S. 8) vermochte die Entwicklung nicht aufzuhalten. Schon zu Heinrichs V. Zeiten sind die alten Handelsbeziehungen wiederhergestellt, ja erweitert. Außer mit den nordischen Reichen stand Bremen im Verkehr mit Semland und den Preußen, mit den Niederlanden und seit der Wende des 11. und 12. Jh. auch mit

England. Bald suchten bremische Schiffer und Kaufleute auch die atlantischen Küsten Frankreichs und Spaniens auf und befuhren gelegentlich sogar das Mittelmeer. Auch in den Kreuzzügen spielte der bremische
1147 Seemann seine Rolle. 1147 sammelten sich in Bremen Kreuzfahrer, um zu Schiff ins Heilige Land zu fahren; sie kamen allerdings nur bis Lissabon,
1189 das sie den Sarazenen entrissen. 1189, während des dritten Kreuzzuges, errichteten Bürger aus Bremen und Lübeck vor Akkon aus dem Segeltuch ihrer Kogge ein Zeltspital, in dem sie Kranke verpflegten. Da diese Liebestätigkeit später zur Gründung des Deutschen Ritterordens anregte, hielt man diese Bürger für die Gründer des Ordens. — Wie der Seeverkehr, blühte der Binnenhandel nach Celle, Braunschweig und über Bremervörde nach der Unterelbe.

Bei diesem wirtschaftlichen Gedeihen vermehrte sich die Bevölkerung der Stadt, so daß diese im Anfang des 12. Jh. schon den Raum der heutigen Altstadt — wenn auch nicht dicht bebaut — einnahm. — In der zweiten Hälfte des 12. Jh. regte sich in der Bürgerschaft politisches Leben; im Kampfe gegen Heinrich den Löwen ergriff sie gegen den Welfen Partei, und nach des Welfen Sturz erwachte in ihr — wie schon früher in anderen Städten — der Wunsch, ihre Interessen selbst zu vertreten. Es entstand ein Rat, der vielleicht schon vorher als kollegiales Gericht über Maß, Münze und falschen Kauf vorhanden gewesen war. Nun aber nahm er als Ausschuß der Bürgerschaft auch städtische Verwaltungsangelegenheiten und die Vertretung anderer selbständiger Interessen der Stadt in die Hand.

1186 Am 28. November 1186 erlangten die Bürger das erste kaiserliche Privileg, in dem ihnen Friedrich I. neben anderen Rechtsnormen, die Freiheit derer bestätigte, die Jahr und Tag unter Weichbild, d. i. in den Grenzen des Stadtgerichts gewohnt haben; ausgenommen die Hörigen der bremischen Kirche. Die erworbenen Rechte wußte der Rat während der Wirren, die infolge des staufisch-welfischen Kampfes nach Friedrichs I. und dann wieder nach Heinrichs VI. Tod im Erzstift eintraten, zu befestigen und zu erweitern und sich von den Erzbischöfen bestätigen zu lassen. Auch unter Gerhard II. wurde anfangs die Selb-
1221 ständigkeit weiter ausgebaut. 1221 wagten die Bürger ihrem Herrn zu trotzen, indem sie eine Zollstelle, die er bei Wittenborg, einem Schlosse unweit Farge, in der Weser errichtet hatte, zerstörten und ihn zwangen, auf den Weserzoll zu verzichten. Neue Vorteile gewannen die Bürger Gerhard für ihre Teilnahme am Kampfe gegen die Stedinger ab.
1233 1233 versprach der Erzbischof ihnen, alle unrechtmäßigen Zölle und Weggelder abzuschaffen, befreite die Kaufleute von der Pflicht zur Heeresfolge

und bestätigte das Stadtrecht. Als er aber das Bauernvolk vernichtet hatte, suchte er die Bürger zu unterdrücken. 1246 erreichte er sein Ziel, wir wissen nicht, mit welchen Mitteln. Dem Rat verblieb nichts als das Gericht in Marktsachen. Aber die Entwicklung war nicht aufzuhalten; am Ende des 13. Jh. war der Rat wieder im Besitze aller ihm von Gerhard II. entrissenen Rechte.

Ausbau der Ratsverfassung.

Auch in der Folgezeit wurde jede Gelegenheit ausgenutzt, sich der Herrschaft des Erzbischofs immer mehr zu entziehen. Und wenn Bremen auch nicht wie viele andere Städte die Reichsunmittelbarkeit erlangte — diese wurde ihm erst nach dem 30jährigen Kriege zuteil — so erfreute es sich doch bald der größten Selbständigkeit. Daß diese errungen wurde, war vor allem das Verdienst des Rates. Dieser, ursprünglich durch jährliche Wahl aus der Gemeinde ergänzt, kam bald in die Hände einiger Familien, der Ratsaristokratie, aus deren Reihen sich der Rat selbst ergänzte. Hatte er im 13. Jh. seine Stellung im Kampfe gegen die Erzbischöfe errungen, so mußte er sie im 14. und in den folgenden Jahrhunderten gegen das Anstürmen der Bürgerschaft, besonders der Handwerker, die Teilnahme am Regiment forderten, verteidigen. 1303 setzte er mit der „Gemeinheit" einen Ausschuß von rechtskundigen Männern ein, welche das Stadtrecht aufzeichnen sollten. Durch ihre Arbeit entstand das „Buch", eine Sammlung von privat- und strafrechtlichen Vorschriften in heimischer Sprache. Die städtische Verfassung wurde darin nicht erwähnt. Immer lauter wurde der Wunsch der Bürger nach Teilnahme am Regiment, und 1330 trat eine Verfassungsänderung ein. An 1330
Stelle der 36 Ratmannen, wie bisher, wurden 114 eingesetzt, den Mitgliedern der Handwerksämter die Ratsfähigkeit zugesprochen, allerdings unter so erschwerenden Bedingungen, daß das Patriziat die Oberhand im Rate behielt und bald nach dem Umsturz daran gehen konnte, die große Zahl der Ratmannen allmählich zu beseitigen und das Selbstergänzungsrecht wieder herzustellen. Aber nach der Mitte des 14. Jh. setzten neue Unruhen
ein. In der durch eine Fehde bedrohten Stadt hatte 1350 die Beulen- 1350
pest, welche seit drei Jahren in ganz Europa furchtbare Verheerungen anrichtete, fast 7000 Einwohner, mindestens ein Drittel der Bevölkerung, hingerafft. Diese ungeheuern Verluste wurden durch Einwanderung vom flachen Lande ersetzt. Da unter den Einwanderern viele Eigenleute des Grafen Gerd von Hoya waren, kam es mit diesem zur Fehde, in der
Bremen 1358 eine furchtbare Niederlage an der Aller erlitt. Doch gelang 1358

es dann den Bremern das vom Grafen besetzte Schloß Thedinghausen zu nehmen und einen günstigen Frieden abzuschließen. Alle diese Nöte erregten die Bürgerschaft, so daß neue gegen den Rat gerichtete Bewegungen entstanden, deren Führer namentlich bei den zahlreichen nach dem Pestjahre
1359 aufgenommenen Neubürgern Anhang fanden. 1359 brachen Unruhen aus, an deren Spitze sich die „grande Kumpanie", eine Gesellschaft der Innungsleute, stellte. Zwar gelang es dem Rat, einen Aufstand niederzuschlagen, doch fanden die Rädelsführer, soweit sie sich hatten flüchten können, an den damaligen Erzbischof Albert einen Verbündeten, der allerdings die Gelegenheit benutzen wollte, sich wieder zum Herrn der Stadt zu
1366 machen. In der Nacht zum 29. Mai 1366 führten die Geflüchteten im Einverständnisse mit Genossen in Bremen auf Kähnen erzbischöfliche Knechte an die Stadt, die rasch bis zum Markte vordrangen. Nach kurzem nächtlichen Straßenkampf mußte der Rat fliehen. Die siegreiche Demokratie wählte über 100 Ratmannen, merkte aber bald, daß der eigentliche Herr der Stadt der Erzbischof sei, dessen Knechte den hölzernen Roland verbrannten und mitten in der Stadt Zwingburgen errichteten. Deshalb nahmen die Bürger schon nach vier Wochen den alten Rat, der mit den Grafen von Oldenburg und von Delmenhorst vor der Stadt erschien, freudig wieder auf. Ein kurzer Straßenkampf vertrieb die Krieger des Erzbischofs. Die Rädelsführer des Aufstands wurden an ihren eigenen Häusern erhenkt, geflüchtete geächtet. Der alte Rat trat wieder in den Vollbesitz seiner Rechte, angesehener denn je, hatte er doch die Stadt aus der Gewalt des Erzbischofs befreit. Mit diesem ward Friede geschlossen, er mußte die
1369 Freiheiten und Privilegien der Stadt bestätigen. 1369 verpfändete er sogar aus Geldnot das Münzrecht an die Stadt. Der Rat stellte nun einen Münzmeister an und übte das Recht etwa 100 Jahre aus, verlor es dann wieder, bis ihm 1541 die Münzhoheit von Kaiser Karl V. zu eigenem Rechte übertragen wurde. —

Nachdem der Aufstand von 1366 niedergeschlagen war, trat eine etwa 60jährige Zeit der inneren Ruhe und glänzender äußerer Erfolge ein, in
1398 der der Rat unumschränkt herrschte. 1398 gestaltete er selbst die Verfassung um, indem er festsetzte, daß der Rat aus 20 Ratmannen und 4 Bürgermeistern bestehen solle (bis dahin 36 Mitglieder). Von ihnen waren 2 Bürgermeister und 10 Ratsherrn im Amte, halbjährlich wechselte die Hälfte der regierenden Herrn. Bei wichtigen Geschäften wurde aber auch die andere Hälfte herangezogen. Bald nach dieser Neuerung errichtete der Rat, der bis dahin im Schau- und Verkaufshause der Gewandschneider an der Ecke der Obern- und Sögestraße getagt hatte, sich

ein eigenes Heim. 1405/7 wurde am Marktplatz in unmittelbarer Nähe 1405/7
des alten Bischofshauses (Palatium) das Rathaus gebaut. Vor ihm aber erhob sich der steinerne Roland, den der Rat schon 1404 an Stelle 1404
des 1366 verbrannten hölzernen hatte errichten lassen.

Die äußere Politik bis 1424.

Sobald die Stadt begonnen hatte, ihre Angelegenheiten selbständig zu verwalten, trachtete sie Wasser- und Landwege ihrer Umgebung zu sichern. Vor allem kam es darauf an, den Weg ins Meer zu behaupten. Dies gelang im 13. Jh., indem man mit den republikanischen Gemeinwesen der Friesen rechts und links der Strommündung Verträge zur Sicherung der Schiffahrt und des Handels schloß, und Erzbischof Gerhard II. 1221 zwang, auf den Weserzoll, den er einführen wollte, zu verzichten. Ebenso gelang es, den Handelsverkehr auf den Landwegen nach Stade und Hamburg, stromaufwärts und in Oldenburg sicherzustellen und die Erhebung von Zöllen zu verhindern. Bald aber ging man weiter und gewann Privilegien in Holland und Seeland und schloß mit Flandern und anderen Gebieten Verträge über gesicherten Verkehr ab. Der werdenden Hanse stand Bremen im 13. Jh. so fern, daß es die Handelssperre, die diese am Ende des Jahrhunderts im Kriege mit Norwegen über den Gegner verhängte, nicht beachtete und deshalb vom Handelsverkehr mit den verbündeten Städten ausgeschlossen wurde. Als aber der Bund im 14. Jh. immer größere Bedeutung gewann, suchte Bremen
1358 um Aufnahme nach und fand sie, aber unter harten Bedin- 1358
gungen, welche die Eifersucht Hamburgs mehr als die Erinnerung an Bremens Verhalten im Kampfe gegen Norwegen verschuldete. Doch nahm unsere Stadt an den beiden Kriegen der Hanse gegen König Waldemar IV. von Dänemark (1361/62 und 1367—1370) nur geringen Anteil. Sie war durch Kämpfe mit Nachbarn und mit den Friesen an der Wesermündung in Anspruch genommen. Schon seit dem Sinken der kaiserlichen Gewalt im 13. Jh. hatte Bremen oft zum Schwerte greifen müssen. Besonders hart aber wurde die Bedrängnis im 14. Jh., wo die inneren Umwälzungen, zwiespältige Bischofswahlen und Angriffe benachbarter Edlen und vor allem das räuberische Wesen der Rustringer Friesen den Handelsverkehr störten. Erst als der Rat sich nach der Revolution von 1366 wieder fest ins Regiment gesetzt hatte, gelang es ihm durch tatkräftiges Vorgehen, dem Übel zu steuern. Ende des 14. und anfangs des 15. Jhs. faßte die Stadt festen Fuß an beiden Ufern der Wesermündung. Als Kriegsbeute oder durch Verpfändung erwarb sie feste Schlösser und die Herrschaft Beder-

kesa. Auch am linken Ufer errang sie Boden, indem sie im Kampfe gegen die Häuptlinge, welche seit der Mitte des 14. Jhs. die Herrschaft über die friesischen Stämme an sich gebracht hatten, das Stadland unterwarf
1404 und zu dessen Schutze 1404 an der Butjadinger Grenze bei Atens die Friedeburg errichtete. Als 1419 die gegen die Häuptlingsherrschaft kämpfenden Butjadinger den Rat um Schutz baten und ihm Treue schwuren, war Bremens Herrschaft bis zum Meere ausgedehnt. Aber schon
1424 1424 gingen das Stadland und Butjadingen durch einen gemeinsamen Angriff der drei mächtigsten Friesenhäuptlinge für immer verloren.

Während dieser Kämpfe trat Bremen in nähere Beziehungen zur Hanse, denn die friesischen Häuptlinge gewährten den gefürchteten Seeräubern, den Vitalienbrüdern oder Likendeelern, Unterschlupf. Diese verwegenen Gesellen, welche bis dahin die Ostsee unsicher gemacht
1395 hatten, waren 1395 auch in der Nordsee erschienen und brachten dem hansischen Handel schweren Schaden. Sie störten die Fahrt von der Elbe und Weser auf das empfindlichste, so daß die Hansestädte Fredekoggen gegen sie auslegen mußten. Auch Bremen beteiligte sich am Kampfe gegen sie. Gelang es auch wiederholt, Seeräuberflotten zu überwältigen und zahlreiche Piraten gefangen zu nehmen, so dauerte es doch Jahrzehnte, bevor das Unwesen ganz ausgerottet war.

Neue Verfassungskämpfe. Die Eintracht 1433.

Gewaltig waren die Erfolge der 1366 siegreichen Rats gewesen, aber sie hatten große Kosten verursacht, so daß wiederholt ein Schoß erhoben werden mußte. Die Bürger hatten die Lasten ruhig getragen. Sobald aber 1424
1426 der Mißerfolg kam, gärte es in der Stadt. Schon 1426 erzwang die Bürgerschaft eine Neuwahl des Rates und eine neue Ver-
1428 fassung, die 1428 verkündet wurde und jährliche Wahl der Ratmannen durch die Gemeinde anordnete. Gegen diese demokratische Umwälzung aber traten die Hansestädte auf, welche 1418 angesichts der sich überall regenden Demokratie beschlossen hatten, daß eine Stadt, in der die Bürger den Rat ganz oder teilweise aus dem Amte entfernten, mit Ver-
1427 hansung bestraft werden solle. 1427 traf dies Schicksal Bremen. Aber auch Kaiser Sigismund mischte sich ein und befahl, den alten Rat wieder einzusetzen. Da entwichen mehrere der ehemaligen Ratmannen aus der Stadt und erreichten, daß diese in die Reichsacht erklärt wurde. Noch verwickelter wurde die Sache durch das Schicksal des Bürgermeisters
1430 Johann Vasmer. 1430 verließ auch er Bremen, wurde aber gefangen, in die Stadt zurückgeschleppt und enthauptet. Endlich aber gelang

es den entwichenen Ratmannen die Braunschweiger Herzöge durch Geldzahlungen für sich zu gewinnen. Mit ihrer Hilfe und durch die Vermittlung der Hansestädte kam 1433 eine „Eintracht" zustande. Der alte Rat trat 1433
wieder in sein Amt ein. Noch in demselben Jahre wurde ein neues Statut, die Tafel oder die Eintracht, geschaffen, welche die Zahl der Ratsmitglieder auf 28 erhöhte, die Lebenslänglichkeit des Amtes und das Selbstergänzungsrecht wiederherstellte. Aber der Vollmächtigkeit des Rats wurde durch die Bestimmung, daß die Gemeinheit, der Kaufmann und die Ämter bei ihren alten Rechten und Freiheiten ungeschmälert bleiben sollten, eine Schranke gesetzt. Mit der Wiederherstellung des Rats trat die Verhansung außer Kraft. Die Reichsacht wurde aber erst 1436 aufgehoben, nachdem Bremen dem stets geldbedürftigen Sigismund eine hohe Straffumme bezahlt und dem Sohne des hingerichteten Vasmer Sühne geleistet hatte.

Seekriege und Fehden im 15. Jahrhundert.

Diese inneren Wirren hatten keineswegs die Kraft der Stadt gebrochen. Schon 1436 gelangte sie nach längerem Streit mit dem Ritter von Borch durch Kauf in den Besitz des Schlosses und der Vogtei Blumenthal. Die folgenden Jahrzehnte hatte sie manche heiße Fehde zur See zu bestehen. 1442—1446 lag sie im Kampfe mit den Nieder- 1442 bis
ländern, die während eines Krieges mit den Ostseestädten auch bremische 1446
Schiffe gekapert hatten. Bremische Koggen lauerten nun holländischen Schiffen in der Nordsee, dem Kanal und im Sund auf, bis die Niederländer den Frieden durch eine reiche Entschädigung erkauften. Aber die verwegenen Gesellen, mit denen die Stadt ihre Auslieger bemannt hatte, waren auch über neutrale Schiffe hergefallen. Das führte zu Verwicklungen, namentlich mit Frankreich, das fast 40 Jahre hindurch auf alle hansischen Schiffen kapern ließ, weil die Bremer einen Holk der Königin genommen hatten. Gleichzeitig geriet die Hanse mit England in Streit, wo 1468 an einem Tage alle deutschen Kaufleute gefangen gesetzt wurden. 1468
Nun kreuzten die Hansen auch auf englische Schiffe, bis ihnen der Friede zu Utrecht 1474 die englischen Privilegien wiedergab. — Während Bremen 1474
so seine Handelsinteressen mit großer Kühnheit zur See verteidigte, kämpfte es zu Lande fast 30 Jahre hindurch mit wechselndem Glück gegen den Grafen Gerd von Oldenburg, der räuberisch die Sicherheit der Landstraßen gefährdete, bis er, vom damaligen Erzbischof und dessen Verbündeten gezwungen, abdankte. Aber seinem Nachfolger gelang es, Butjadingen und Stadland zu unterwerfen, so daß er das ganze linke Weserufer von der Ochtummündung abwärts beherrschte. Dazu löste er das 100 Jahre vor-

her an Bremen verpfändete Land Würden wieder ein und faßte so auch Fuß an der rechten Seite des Stromes. Da es dem Erzbischof im Anfang des 16. Jhs. gelang, das Land Wursten nach tapferem Widerstand zu unterwerfen, war Bremens alter Einfluß auf die Landstriche an der Wesermündung zu Beginn der Neuzeit sehr beschränkt.

Neuzeit.

Bremen zu Beginn der Neuzeit.

Mit Genugtuung konnte Bremen zu Anfang des 16. Jhs. auf die Erfolge der letzten Jahrhunderte zurückblicken. Die weltlichen Rechte des Erzbischofs in der Stadt waren fast ganz im Besitz des Rats und der Bürger. Mauer, Wall und Graben schützten die Stadt, deren 16 000 bis 20 000 Einwohner durch die Blüte von Handel und Gewerbe in hohem Wohlstand lebten. Dazu beherrschte Bremen ein ansehnliches Landgebiet. Es besaß das ganze heutige Staatsgebiet ohne die Dörfer Hastedt, Schwachhausen, Grolland und das Gericht Borgfeld, überdies Schloß und Amt Blumenthal, das Gericht Neuenkirchen, die Herrschaft Bederkesa mit Lehe und übte über das Schloß Elm an der Oste die Lehnsherrschaft aus. Die Reformation brachte nun auch die Befreiung von der geistlichen Hoheit des Erzbischofs und führte in ihren weiteren Folgen endlich zur — allerdings mit schweren Opfern erkauften — Reichsunmittelbarkeit.

Die Reformation. Heinrich von Zütphen.

Im ersten Ansturm eroberte Luthers Lehre die selbstbewußte Stadt. Der Augustinermönch Heinrich von Zütphen war es, der sie zuerst predigte. Er hatte in Wittenberg Luthers und Melanchthons Freundschaft genossen, war 1522 in seine niederländische Heimat gezogen, um dort für die neue Lehre einzutreten, und war deshalb in Antwerpen gefangen gesetzt worden. Aber rasch von seinen Anhängern befreit, wollte er nach Wittenberg zurückkehren. Als er auf der Reise dorthin nach Bremen kam, wurde
9. Nov. er gebeten, das Evangelium zu verkünden. Am 9. November 1522
1522 hielt er in der Anschariikirche die erste evangelische Predigt und entflammte die Herzen so, daß er bald täglich die Kanzel besteigen mußte. Ver-
1525 geblich forderte Erzbischof Christoph seine Auslieferung. Schon Ende 1525 wurde in allen Stadtkirchen deutsch gesungen, getauft und das Abendmahl in beiderlei Gestalt gereicht. Als Heinrich sein Werk vollendet sah, zog er

weiter, um auch in den Ditmarschen seine Saat zu säen. Aber von den Dominikanern aufgestachelte Bauern ergriffen ihn und verbrannten den Unglücklichen am 10. Dezember 1524 im Dorfe Heide. Das gleiche Schick- 1524
sal bereitete der Erzbischof dem evangelischen Prediger von St. Remberti, Johann Bornemacher, der zu Verden auf dem Scheiterhaufen starb. Aber weder das entsetzliche Ende dieser beiden Märtyrer noch des Erzbischofs Landsknechthaufen, die bis vor die Stadt rückten, noch seine Klagen beim Reichsregiment hielten Rat und Bürger davon ab, in Luthers Sinne zu reformieren. Sie beriefen evangelische Prediger, ordneten die Armenpflege an den Pfarrkirchen durch Einsetzung von Diakonen und begründeten 1528 eine öffentliche lateinische Schule, die im Katharinenkloster Unterkunft fand. Das Elementarschulwesen aber blieb noch Jahrhunderte den kirchlichen Gemeinden überlassen. — Wollte man sich aber gegen den Erzbischof halten, so mußte man sich im Reiche nach glaubensverwandten Bundesgenossen umsehen. So lenkte die Reformation Bremens Interessen wieder auf Reichsangelegenheiten, denen die Stadt in den letzten Jahrhunderten ganz entfremdet worden war. Als die evangelischen Fürsten nach dem Reichstage zu Augsburg 1530 zum Schmalkaldischen 1530
Bunde zusammentraten, war Bremen außer Magdeburg die einzige Stadt, die sich sogleich anschloß.

Der Aufstand der 104.

Die neue Eintracht. So einig Rat und Gemeinheit auch in diesen Jahren für den neuen Glauben eintraten, auf politischem Gebiet regte sich dennoch wieder der Zwist. Wie damals in vielen Gegenden Deutschlands, so erwachte auch in Bremen das Bestreben, außer der religiösen Reformation politische und soziale Umwälzungen herbeizuführen. In der Bürgerschaft wurde der alte Wunsch nach Teilnahme an der Finanzverwaltung und dem Stadtregiment laut, und 1532 gelang es den 1532
Unzufriedenen unter der Führung des Goldschmieds Johann Dove, eine Gemeindevertretung von 104 gekorenen Männern durchzusetzen; aber bald überschritten diese ihre Vollmachten, mischten sich in alle Geschäfte des Rates ein, schädigten den Handel, indem sie die Kornausfuhr erschwerten, um der Teuerung zu steuern und beschlossen endlich nach verschiedenen Tumulten, tätlich gegen den Rat vorzugehen. Aber die Bürgermeister und einige Ratsherren flohen, rechtzeitig gewarnt, aus der Stadt, warben Bauern und Kriegsknechte, die heimlich nach Bremen kamen. Darauf berief der zurückgebliebene Rat die Bürger auf den Domshof, um über die Aussöhnung mit den Entwichenen zu verhandeln und ließ die Ver-

sammelten von den Truppen umstellen. Da forderte die Mehrheit der Bürger den Rücktritt der Gekorenen, die ohnehin schon viel Anhang verloren hatten. Die entwichenen Ratsherren kehrten in die Stadt zurück. Eine Urkunde, die „neue Eintracht“, stellte nun die Ratsverfassung und alles alte Herkommen wieder her, aber verschärfte die Bestimmungen von „Buch“ und „Tafel“ (1433). Sie galt fortan als Verfassungsurkunde und blieb bis in die napoleonische Zeit in Kraft.

Die alte Verfassung. Der „vollmächtige“ Rat, bestehend aus für Lebenszeit erkorenen Mitgliedern, nämlich 4 Bürgermeistern und 24 Ratsherren, ergänzt sich selbst und ist im Besitz aller Rechte. In seiner Hand liegt die gesamte Staatsverwaltung und die Rechtsprechung. Nur wenn es ihm nützlich erscheint, beruft er aus der Gemeinheit, der Kaufmannschaft und den Zünften Leute seiner Wahl zur Beratung. Trotzdem entwickelte sich in Bremen keine Ratstyrannei, wie auch niemals vorher eine bestanden hat. In den mannigfachen Gefahren, welche gerade in der nächsten Zeit die Stadt bedrohten, berief der Rat oft die „Verständigsten“ aus der Gemeinheit, und so entwickelte sich allmählich ein Bürgerkonvent (auch Bürgerschaft), dem die Elterleute des Kaufmanns, die Gelehrten, einige Vertreter der Zünfte und die mit der kirchlichen Armenpflege betrauten Diakonen der städtischen Kirchspiele angehörten. Ohne ihre Mitwirkung konnte kein Gesetz erlassen, keine Steuer ausgeschrieben, kein öffentliches Geld verwendet werden. Aber dieser Bürgerkonvent trat nur zusammen, wenn der Rat ihn berief und konnte nur die ihm unterbreiteten Vorlagen annehmen oder ablehnen.

Bremen im Schmalkaldischen Bunde.

Als die inneren Streitgkeiten durch die Neue Eintracht geschlichtet waren, konnte der Rat daran gehen, die Reformation zu befestigen. Von
1534 den schmalkaldischen Verbündeten kräftig geschützt, verständigte er sich 1534 mit dem Erzbischof, der verschuldet und ohne Bundesgenossen dastand, auf der Grundlage des Nürnberger Religionsfriedens von 1532 und führte eine Kirchenordnung ein, die vom Prediger zu St. Martini Johannes Timann ausgearbeitet und von Luther geprüft worden war. Sie enthält Bestimmungen über die Ordnung des Gottesdienstes, des Schul- und Armenwesens. Die Wahl der Geistlichen soll durch die Baumeister (Bauherren) des Kirchspiels und verordnete Bürger geschehen, doch nicht ohne Willen und Auftrag des Rats, der nunmehr auch im Besitze der bischöflichen Gewalt ist. Erzbischof Christoph mußte das alles hinnehmen, ja erleben, daß Kaiser Karl V., welcher die protestantische

Partei für seinen Kampf gegen die Türken gewinnen wollte, 1541 der Stadt 1541
eine Reihe von Privilegien verlieh, welche den letzten Rest der Ab-
hängigkeit vom Erzbischof aufhoben. Neben der Bestätigung der bisher
erworbenen Freiheiten, Privilegien und Rechte erhielt die Stadt das
Münzrecht (vgl. S. 14), das Privileg, ein Niedergericht einzusetzen, welches an Stelle des ganzen Rats über Sachen geringeren Werts
in erster Instanz urteilen soll. Endlich wurde bestimmt, daß vom Spruch
des Rats nur dann an das Reichskammergericht appelliert werden dürfe,
wenn der Wert der Sache 600 Goldgulden übersteige. So fehlte Bremen
zur Reichsunmittelbarkeit nur noch der Sitz im Reichstage. Aber schon
wenige Jahre nach der Verleihung der Privilegien wandte sich der Sinn
des Kaisers. Er hatte seine auswärtigen Gegner zur Ruhe gebracht und
wollte nun den Protestantismus im Reiche unterdrücken. Im Schmalkaldischen Kriege (1546/47), der darüber entbrannte, stand 1546—47
Bremen treu beim Bunde. Sobald der Kaiser den Donaufeldzug glücklich
beendet hatte, sandte er Truppen nach Westfalen und Niedersachsen. Rasch
drangen diese unter Jobst von Cruningen bis Bremen, vor
dem sie am 19. Februar 1547 eintrafen. Doch die Stadt war gerüstet,
Landsknechte waren geworben, Geschütze beschafft worden. So mußte sich
der kaiserliche Feldherr begnügen, ihr die Zufuhr von der See und
von Norden abzuschneiden. Aber nach sechs Wochen machten die Bürger und
Knechte einen Ausfall und bemächtigten sich der feindlichen Schanzen bei
Gröpelingen und Oslebshausen, welche den Verkehr zur See hinderten. In
diesem Kampfe fiel Cruningen, seine Truppen zogen ab. Aber schon am
19. April traf ein frisches kaiserliches Heer unter den Herzog Erich von
Calenberg ein. Es setzte sich bei Hastedt am rechten, bei Arsten und
Habenhausen am linken Weserufer fest, ohne daß es der Stadt etwas an-
haben konnte. Nach einmonatiger Belagerung jedoch zog Herzog Erich wieder
ab, um einem protestantischen Entsatzheer, das unter den Grafen Albrecht
von Mansfeld und Christof von Oldenburg sich der Stadt
näherte, entgegenzutreten. Bei Drakenburg an der Weser kam es
zur Schlacht, in der die Kaiserlichen unterlagen. Dadurch war Bremen
der unmittelbaren Gefahr entronnen, gleichwohl blieb die Lage bedroht,
denn Karl V., der bei Mühlberg den Schmalkaldischen Bund gesprengt hatte,
forderte unter Androhung der Acht eine hohe Strafsumme und Einführung
des Interims von dem sich standhaft weigernden Rate. Endlich aber brachte
der Vertrag zu Passau und der Augsburger Religionsfriede
1555 die Erlösung. Erst von da an war der so treu verteidigte Glaube 1555
auch in Bremen gesichert.

Übergang zum Kalvinismus.

Kaum aber war das lutherische Bekenntnis durch den Religionsfrieden anerkannt, als sich im protestantischen Lager der Zwiespalt regte. Auf der einen Seite standen die Anhänger des starren Luthertums, auf der anderen die Philippisten oder Kryptokalvinisten, die im Sinne Philipp Melanchthons zwischen dem Luthertum und dem Kalvinismus zu vermitteln suchten. Auch in Bremen entbrannte dieser Streit, hervorgerufen durch den Pastor Johannes Timann, der verlangte, daß sich alle Geistlichen der strenglutherischen Lehre unterwürfen. Als der Domprediger Albert Rizäus Hardenberg sich dem versagte, wurde er von Timann und seinem Anhang als Ketzer hingestellt, und bald war die ganze Stadt in zwei Parteien gespalten. Während die Mehrzahl der Bürger philippistisch dachte, stand die Ratsmehrheit auf dem Standpunkt Timanns, zwang Hardenberg die Stadt zu verlassen (1561) und berief orthodoxlutherische Eiferer (Tileman Heßhusen und nach dessen Abzug Simon Musaeus) als Geistliche in die Stadt. Durch diese beraten, bedrohte
1562 sie 1562 trotz des Widerspruchs der von Daniel von Büren geführten Minderheit im Rate die Anhänger von Hardenbergs Richtung mit der Ausweisung aus der Stadt und weigerte sich, Büren das ihm verfassungsmäßig zukommende Ratspräsidium zu übergeben. Als dieser aber mit Hilfe der Bürger sein Recht erzwang und darauf die hitzigsten geistlichen Eiferer aus Bremen auswies, entwich auch die Ratsmehrheit aus der Stadt und suchte, durch den Kaiser und die Hanse die Herrschaft wiederzugewinnen. Nach sechs Jahren mühsamen Verhandelns erkannten die Entwichenen aber, daß
1568 ihre Sache verloren sei und verzichteten 1568 zu Verden auf ihr Ratsherrnamt, um wieder in den Genuß des Bürgerrechts zu treten. Stellte der Verdener Vertrag auch fest, daß in Bremen das Augsburgische Bekenntnis gelte, so war doch seither das starre Luthertum von den Kanzeln ausgeschlossen. Damit war der Sieg der freieren religiösen Richtung entschieden, Bremen aber den strenglutherischen Nachbargebieten entfremdet. Es erkannte die Konkordienformel, welche die Übereinstimmung in der Lehre zwischen den Augsburger Glaubensverwandten herstellen sollte, nicht an, weil sie das strenge Luthertum vertrat und wendete sich, geführt von Pastor Christoph Pezelius, immer mehr der reformierten Lehre zu.
1582 Bereits 1582 bekannte sich die Mehrheit der Bürger zum Kalvinismus; aus mehreren Kirchen wurden Kreuze und Bilder entfernt, und der Rat entsetzte den Führer der Lutheraner, Pastor Jodocus Glanaeus, seines Amtes. Von nun an wird das reformierte Bekenntnis in Bremen angenommen und über zwei Jahrhunderte festgehalten. Der Rat suchte noch

längere Zeit nach außen den Schein aufrecht zu erhalten, als gehöre Bremen dem Augsburgischen Bekenntnis an, da nur für dieses der Religionsfrieden von 1555 galt. Aber schon im Anfang des 17. Jhs. zählte man Bremen zu den reformierten Städten, so daß die Generalstaaten den Rat aufforderten, zu der 1618/19 in Dordrecht tagenden Synode 1618—19
aller reformierten Kirchen einige Geistliche zu entsenden. Da man dieser Einladung nachkam, war der Übertritt zum Kalvinismus damit tatsächlich erfolgt, wenn auch der Rat seine vorsichtige Haltung noch weiterhin beibehielt.

Geistiges Leben und Bautätigkeit vor dem 30 jähr. Kriege.

Der Sieg der freien religiösen Richtung war vor allem das Werk des Bürgermeisters Daniel von Büren, der länger als 50 Jahre im Dienste seiner Vaterstadt gewirkt hat († 1593). Ihm, dem Schüler 1593
Melanchthons, war es Lebensaufgabe, Bremen zu geistigem Leben zu erwecken und für die humanistische Bildung zu gewinnen. Vereint mit anderen Männern seiner Geistesrichtung hob er die lateinische Schule, indem er ihr 1584 eine öffentliche Klasse aufsetzte, in der auch 1584
Erwachsene durch theologische, historische, juristische und medizinische Vorträge in die verschiedenen Wissenschaften eingeführt wurden. 1610 erwuchs 1610
aus dieser Einrichtung eine Akademie, so daß die lateinische Schule fortan in das Pädagogium (unser Gymnasium) und das Gymnasium illustre, eine mit den vier Fakultäten, aber nicht mit den Privilegien der Universitäten ausgestattete hohe Schule zerfiel, die im 17. Jh. auch viele auswärtige Studenten nach Bremen zog. —

Auch im Stadtbild äußerte sich der verfeinerte Geist der Bürger. Um die Mitte des 16. Jhs. drang die Renaissance nach Bremen, mit deren Formen die Bürger ihre Häuser schmückten. In den achtziger Jahren trat Lüder von Bentheim in den Dienst der Stadt, er erbaute die Stadtwage (1587), das Kornhaus, die Ratsapotheke und krönte endlich 1609—12
sein Schaffen, indem er 1609—1612 dem Rathause seine heutige Gestalt gab.

Außer künstlerischen Bauten erstanden vor dem Dreißigjährigen Kriege nützliche Anlagen. Die bedrohliche politische Lage zwang zur Verstärkung der Festungswerke. Vor allem ließ man das linke Weserufer durch den niederländischen Ingenieur Johann von Valckenburg 1623 bis 1623—27
1627 befestigen. Der innerhalb der neuen Werke belegene Raum wurde als Neustadt besiedelt. Er bevölkerte sich aber infolge des bald ausbrechenden Krieges nur langsam. Weiterhin machte die zunehmende Ver-

sandung der Weser, welche die Schiffe hinderte von der See bis zur Stadt
zu segeln, die Anlage eines neuen Hafens unterhalb der Stadt
1619 nötig. Ein solcher wurde 1619 im Aumunder Tief (bei Vegesack)
eingerichtet, aber nach einem Jahrhundert war auch er verschlammt, so daß
die Schiffe beim oldenburgischen Brake ankern mußten, das nun der eigentliche Weserhafen war, bis im Anfang des 19. Jhs. Bremerhaven gegrün-
det wurde.

Der Dreißigjährige Krieg. Weserzoll. Reichsunmittelbarkeit.

Verrät auch die rege Bautätigkeit in Bremen um die Wende des
16. Jhs. erfreulichen Wohlstand, so war die Lage der Hansestädte doch in
diesen Jahrzehnten eine recht bedrängte. Während der Freiheitskämpfe
der Niederlande störte das Freibeuterunwesen, das im Gefolge der Meer-
geusen aufkam, den Seeverkehr. Die Hanse aber verlor immer mehr an
Bedeutung, da die nordischen Völker selbständig Handel betrieben und noch
mehr, da die englischen Kaufmannskompagnien überall vordrangen, bis
1598 endlich die Königin Elisabeth 1598 den Stahlhof in London schloß.
Die Hanse hatte ihre Rolle ausgespielt. — Im Reiche suchten die Landes-
fürsten ihre Territorien abzurunden und ihre Hoheitsrechte zu vermehren;
so Oldenburg, das nach der Erwerbung des linken Unterweserufers bemüht war, ein Zollprivileg auf dem Strom zu erwerben. Tatsäch-
1619 lich gelang es dem Grafen Anton Günther, sich ein solches 1619
vom Kaiser zu erwirken, indem er behauptete, daß sein Land durch die Ein-
brüche der See schwer leide und die Erhaltung der Deiche ihm große Kosten
verursache. Bremen, das Jahrhunderte hindurch die vornehmste Aufgabe
seiner Politik darin gesehen hatte, die Freiheit des Weges zum Meere zu
verteidigen, bekämpfte vergebens den vom Kurfürstenkollegium unterstützten
Grafen durch Eingaben an den Kaiser und den Reichshofrat und verhinderte
1624 endlich Anton Günther, der 1624 bei Brake, später bei Elsfleth eine
Zollstelle errichtete, durch bewaffnete Schiffe an der Erhebung des
Zolls. Dieser Kampf hielt die Stadt ab, die im Jahrhundert vorher treu
zu den Glaubensgenossen gestanden hatte, sich während des Dreißigjährigen Krieges auf die Seite der Evangelischen zu stellen, denn
man wollte den Kaiser, von dem die Entscheidung über den Zoll abhing,
nicht erzürnen. So betrieb der Rat während des Krieges eine Schaukel-
politik. Diese und wohl noch mehr die stattlichen Festungswerke
schützten die Stadt selbst vor den Kriegsnöten, obwohl wiederholt Truppen
bis an ihre Tore drangen und im Landgebiet furchtbar hausten. Doch
hatte die Bevölkerung unter der häufigen Störung des Handels und der

Verteuerung aller Lebensmittel, endlich durch die Pest, welche 1627 und 1628 in unsern Mauern wütete, noch furchtbar genug zu leiden. —

Während des ganzen Krieges dauerte der vergebliche Kampf gegen den Weserzoll, der Graf von Oldenburg wußte sich sein Privileg immer mehr zu sichern und endlich durchzusetzen, daß es in den Friedensinstrumenten von Münster und Osnabrück verzeichnet wurde.

Neben dieser Frage beanspruchte bald das Streben nach der Reichsunmittelbarkeit alle Kräfte des Rats. Da seit der zweiten Hälfte des 16. Jhs. Protestanten das Erzstift innehatten, hatte der Erzbischof seinen geistlichen Charakter fast ganz verloren und besaß nur noch weltliche Befugnisse. Als nun während des 30jährigen Krieges der damalige Erzbischof Friedrich, der zweite Sohn Christians IV. von Dänemark, forderte, daß die Stadt seine Oberhoheit über Bremen ausdrücklich anerkenne, behauptete diese, reichsunmittelbar zu sein, und wurde darin noch bestärkt, als sie 1640 irrtümlich aufgefordert wurde, den Reichstag in Regensburg zu beschicken. Der Erzbischof verwahrte sich mit Erfolg gegen dies Ausschreiben an Bremen, wurde aber bald darauf von dem schwedischen General Königsmarck für immer aus dem Erzstift vertrieben. Bald hatte Bremen noch dringenderen Anlaß, die Anerkennung der Reichsunmittelbarkeit zu erstreben, denn während der Friedensverhandlungen zu Osnabrück wurde es immer klarer, daß das Erzstift an Schweden fallen würde. Da auch das Reich Interesse daran hatte, nicht auch noch die Stadt auszuliefern, gelang es den Gesandten des Rats, allerdings gegen Zahlung von 100 000 Gulden, von Kaiser Ferdinand III. die Anerkennung der Reichsunmittelbarkeit zu erlangen. Dieser stellte zu Linz am 1. Juni 1. Juni
1646 eine Urkunde aus, die Bremen zur Reichsstadt erhob oder vielmehr 1646
die Anerkennung als Reichsstadt erneuerte. Diese Urkunde ist die Grundlage für die staatliche Selbständigkeit unserer Stadt. Schweden, dem viel daran lag, auch Bremen zu erwerben, war keineswegs geneigt, sie anzuerkennen und erreichte auch, daß Bremen 1648 im Friedensinstrument nicht 1648
als Reichsstadt bezeichnet wurde.

So konnte der Westfälische Friede in Bremen wenig befriedigen, gab er doch Oldenburg den Weserzoll und behielt der Stadt die Reichsunmittelbarkeit vor. Deshalb weigerten sich auch die Bevollmächtigten des Rats, die Friedensurkunde zu unterzeichnen, denn Rat und Bürgerschaft waren des festen Willens, die Freiheit des Stromes und die Reichsunmittelbarkeit zu verteidigen. Trotz des Friedens fuhr man fort, den Grafen Anton Günther durch bewaffnete Schiffe an der Ausbeutung seines
Zollprivilegs zu hindern. Erst als der Kaiser am 12. Oktober 1652 die 1652

Stadt wegen Friedensstörung in die Acht erklärte, war der Rat bereit, die Zollerhebung nicht mehr zu stören. Doch nun verlangte Anton Günther auch noch eine Abfindung für die jahrelange Behinderung in der Ausübung seines Rechts. Als ihm diese abgeschlagen wurde, veranlaßte er den kaiserlichen Herold die Acht zu verkündigen. Dieser wurde aber von der Torwache verhindert, Bremen zu betreten und mußte sein Achtdekret vor dem Warturm verlesen. Nach mühsamen Verhandlungen, die sich besonders dadurch in die Länge zogen, daß man die Stadt zwingen wollte, sich die kaiserliche Gnade durch die Zulassung der Jesuiten in Bremen zu erkaufen, gelang es den bremischen Abgesandten beim Reichstag in Regensburg endlich,
1653 am 17. September 1653 die Aufhebung der Acht gegen die Bezahlung der verhängten Sühnesumme zu erkaufen. Da man sich wenige Tage vorher mit dem Grafen von Oldenburg auf eine hohe Abfindungssumme geeinigt hatte, war der Friede wiederhergestellt. Aber die Freiheit des Stroms war für anderthalb Jahrhunderte verloren.

Das Ringen um die Anerkennung als Reichsstadt.

Der Kampf gegen Schweden. Wenn der Rat sich in der Zollfrage endlich nachgiebig zeigte, so lag das nicht zum wenigsten daran, daß schon während des Streites mit Oldenburg der befürchtete Zwist mit Schweden begonnen hatte. Diesem kam viel darauf an, die Hansestadt, in der es als Rechtsnachfolger des Erzbischofs bereits den Dom und dessen Umgebung besaß, in seine neuen Herzogtümer Bremen und Verden einzuverleiben und dadurch eine hervorragende Stellung im Nordseehandel und im Reiche zu gewinnen. Im Westfälischen Frieden hatte es sich die Möglichkeit dazu offen gehalten und verschloß sich nun allen Gesuchen des bremischen Rats um Anerkennung der Reichsunmittelbarkeit. Es bekämpfte vielmehr alle dahin gehenden An-
1653 sprüche der Stadt gleich nach dem Frieden mit diplomatischen Mitteln, 1653 aber griff der Gouverneur der Herzogtümer Generalfeldmarschall Graf Königsmarck zur Gewalt, indem er Lehe und Vegesack, im Frühjahr 1654 auch Blumenthal besetzte, Burg und Bederkesa erstürmte. Bremen, das sich vergebens um auswärtige Hilfe umsah, rüstete Truppen aus. Diesen gelang es, Burg, das Königsmarck stark befestigt hatte, und Vegesack wieder einzunehmen. Und da der Feldmarschall infolge der Thronbesteigung Karls X. Gustav vorerst untätig blieb, konnte das bremische Kriegsvolk schatzend sogar bis in das Land Wursten vordringen. Mittlerweile hatte der Kaiser den Bischof von Münster und den Herzog von Celle beauftragt, den Streit zu schlichten. Der schwedische König, von Polen mit Krieg bedroht, zeigte sich dazu geneigt, und nachdem Königsmarck

durch die Einnahme von Burg die schwedische Waffenehre wiederhergestellt
hatte, wurde am 28. November 1654 zu Stade, dem Sitz der 1654
schwedischen Regierung, ein Vergleich zwischen den Gegnern abgeschlossen. Bremen mußte die Herrschaft Bederkesa, seine Gerechtigkeit an
Lehe und seine Landeshoheit über Blumenthal, Neuenkirchen und Vegesack
an Schweden abtreten. Rat und Gemeinde sollten dem Könige huldigen
wie früher dem Erzbischof. Dafür erhielt die Stadt die Bestätigung ihrer
alten Rechte und Privilegien. Die Kernfrage aber, die Reichsunmittelbarkeit, wurde auf fernere Verhandlungen verschoben. — Der Stadische Vergleich stellte den Frieden nur äußerlich her, denn Schweden behielt sein Ziel
im Auge und beunruhigte Bremen gleich danach auf jede Weise. 1665 ent- 1665
schloß es sich, von neuem mit Gewalt vorzugehen und ließ den Reichsfeld-
herrn Graf Karl Gustav Wrangel von Pommern her gegen die Stadt
vorrücken. Dieser besetzte im Januar 1666 Vegesack, schob seine Reiterei 1666
bis Burg vor und wollte, gestützt auf seine Truppenmacht, Bremen zum Ver-
zicht auf die Reichsunmittelbarkeit zwingen. Aber Rat und Bürgerschaft
waren entschlossen, ihre Freiheit bis aufs äußerste zu verteidigen, sorgten
für Munition und Lebensmittel, warben Truppen und schulten die Bürger-
kompagnien. Da blockierte Wrangel die Stadt, schlug in Habenhausen sein Hauptquartier auf und ließ dort und unterhalb Oslebshausen
die beiden Ufer der Weser durch Schiffbrücken verbinden. Doch besaß er
nicht genug Truppen, um die Blockade wirksam durchzuführen. So konnte
die wohlverschanzte Stadt der Belagerung getrost entgegensehen, um so
mehr als die Herzöge von Braunschweig sich entschlossen, die diplomatische
Aktion, welche sie und andere Reichsfürsten zugunsten Bremens eingeleitet
hatten, durch Aufstellung von Truppen an der lüneburgisch-schwedischen
Grenze zu unterstützen. Aber auch die Niederlande und der Große Kurfürst
rüsteten sich zum Eingreifen. Da dieser den Kaiser geneigt fand beizutreten
und Schweden Aussichten hatte Ludwig XIV. zu gewinnen, drohte der
Streit um Bremens Reichsunmittelbarkeit zu einem großen Kriege auszu-
wachsen. Doch als die braunschweigischen Truppen bis Thedinghausen vor-
rückten, stellte Wrangel den mit der Stadt begonnenen Kampf ein und
zeigte sich zu Verhandlungen geneigt, die endlich am 15. November 1666 in 1666
Habenhausen zu Ende geführt wurden. Auch dieser Friede zu Habenhausen brachte Bremen nicht die Anerkennung als Reichsstadt. Es mußte
sich verpflichten, vom Schlusse des damals in Regensburg tagenden Reichs-
tags bis zum Ende des Jahrhunderts sich des Sitzes und der Stimme auf
den Reichstagen zu enthalten. Dann aber sollte es befugt sein, diese Rechte
wieder auszuüben. Da jedoch der seit 1663 versammelte Reichstag erst mit

dem deutschen Reich selbst endete, trat diese Bestimmung des Vertrages nie in Kraft.

Auch nach dem Friedensschlusse blieb das Verhältnis zu Schweden unerquicklich. König Karl XI. strebte die Bedeutung Bremens zu vernichten, indem er dort, wo heute Bremerhaven liegt, eine Handelsstadt, Karlsburg, gründete. Aber sein Aufruf zur Ansiedlung hatte wenig Erfolg, zumal da er gleich darauf während des zweiten Raubkrieges als Reichsfeind auf der Seite Ludwigs XIV. stand.

Vergleich mit Hannover. Endliche Erlösung von dem gefährlichen, übermächtigen Nachbarn brachte der Nordische Krieg, nach dem die Herzogtümer Bremen und Verden im Frieden zu Stockholm 1719 an Hannover übergingen. Aber auch der neue, einst befreundete Nachbar zögerte, Bremen als Reichsstadt anzuerkennen. Erst 1731
1731 bequemte sich der Kurfürst von Hannover, König Georg II. von England, dazu, weil ihm Kaiser Karl VI. nur dann die Belehnung mit den Herzogtümern, die ihn zu Sitz und Stimme für diese auf dem deutschen Reichstage berechtigte, erteilen wollte. Aber damit war der Zwist keineswegs abgeschlossen, denn der König wollte der Stadt nicht die Hoheitsrechte im Landgebiete zugestehen. Erst nach jahrelangem Verhandeln, dem Georg II. endlich durch kriegerische Drohungen ein Ende
1741 machte, kam es 1741 in Stade zum Vergleiche. Bremen trat die Ämter Blumenthal und Neuenkirchen völlig an Hannover ab und behielt von jenem nur die Hoheit über den Hafen und das Hafenhaus in Vegesack. Es verzichtete auf die Landeshoheit über die Dörfer Grambke, Grambker Moor, Mittelsbüren, Niederbüren, Oslebshausen, Wasserhorst, Wummensied, Niederblockland, einen Teil von Vahr und die Burg, behielt aber die Einkünfte aus ihnen und die niedere Gerichtsbarkeit über sie. Für diese Abtretungen erlangte die Stadt die volle Hoheit in ihrem übrigen Gebiete.

Bremen während des 18. Jahrhunderts.

Innerer Zwist. Nach den Anstrengungen im Kampfe gegen Schweden versank das politische Leben in Bremen in jene Dumpfheit, die damals alle Städte des Reichs erfüllte. Kleinlicher, innerer Hader und gespreiztes Formenwesen nahmen den Sinn der Bürger gefangen. Gleich nach dem Habenhauser Frieden brach zwischen dem absolutistisch regierenden Rat und der Bürgerschaft ein Streit um das Steuerbewilligungsrecht aus, das der Rat dem Bürgerkonvent verkürzen wollte. Dieser Zank spitzte sich zunächst zu einem Kampfe zwischen dem Rat und den Elterleuten des Kaufmanns zu, die das Recht beanspruchten, als

Bewahrer der bürgerlichen Freiheiten Bürger auf dem Schütting zur Beratung bürgerlicher Angelegenheiten zu versammeln. Mußten auch die Elterleute 1681 auf dieses angemaßte Recht verzichten und sich sogar ihre 1681
alte Befugnis, die Kaufleute zur Beratung über Handel und Schiffahrt zu berufen, einschränken lassen, der Streit zwischen Rat und Bürgern dauerte doch bis tief in das 18. Jh. hinein fort und erschwerte jede politische Betätigung.

Neutralität während der Kriege. Die Haltung der Stadt während der großen Kriege des 18. Jhs. wurde bestimmt durch die Interessen des Handels. Schon während des Spanischen Erbfolgekriegs und des Nordischen Kriegs vertraten Bremen, Hamburg und Lübeck den Gedanken, daß Schiffahrt und Handel der Hansestädte um des allgemeinen Besten willen den Schutz der Neutralität genießen sollten, und trieben auch während des Kriegs mit Frankreich, dem Reichsfeinde, Handel. Im Siebenjährigen Kriege bemühte Bremen sich wieder, seine Neutralität von den kriegführenden Mächten anerkannt zu sehen, hatte aber trotz seiner vorsichtigen Haltung viel unter fremden Besatzungen zu leiden, denn die Befestigungswerke waren in schlechtem Zustande und aus der Bevölkerung war der kriegerische Geist gewichen. Bald rückten französische, bald englisch-hannoversche Truppen in die Stadt ein, ja Prinz Ferdinand von Braunschweig ließ alles Geschütz und alle Munition wegschleppen.

Geistiges Leben. Das Zeitalter Friedrichs d. Gr. rüttelte die Geister auf, und so erblühte das geistige Leben in Bremen reicher als vorher. Während des letzten Drittels des 17. Jhs. hatte neben der reformierten Orthodoxie der Pietismus in der Stadt Boden gewonnen, vertreten durch Theodor Undereyck, Pastor zu St. Martini, und dessen Schüler, den als Kirchenliederdichter bekannten Joachim Neander. Um 1750 drang nun auch die Aufklärung ein. Zeitschriften und Vereine zur Ausbreitung der Wissenschaften und Künste erstanden. 1752 bildete 1752
sich die „Bremische deutsche Gesellschaft", welche Beredsamkeit, Dichtkunst und die deutsche Sprache pflegte und ein bremisch-niedersächsisches Wörterbuch herausgab. 1776 trat die „Physikalische 1776
Gesellschaft" zusammen, die als Museumsgesellschaft Mittelpunkt der naturwissenschaftlichen Bestrebungen in Bremen wurde. Der als Astronom berühmte Arzt Wilhelm Olbers (1758—1840), der Anatom und Physiologe Gottfried Treviranus (1758—1840) und andere bedeutende Naturforscher fanden in dieser Gesellschaft reiche Anregungen. 1765 nahm das Gymnasium, bis dahin reine Gelehrtenschule, den Unter-

richt im Französischen, in der Geographie und Mathematik auf, um dem Bildungsbedürfnis von Anwärtern auf praktische Berufe entgegenzukommen. Auch das gesellige Leben verfeinerte sich. Öffentliche Vorträge und Konzerte veredelten die Unterhaltung. Auch Schauspielertruppen kamen nach Bremen, so 1765 die berühmte Ackermannsche mit dem großen Eckhoff.

Wirtschaftliches Leben. Gewaltigen Aufschwung nahm das wirtschaftliche Leben in den letzten Jahrzehnten des 18. Jhs. Neben dem Handel wuchs die Industrie empor, außer den Tabakfabriken blühte die Fabrikation von Seifen und Farbwaren, Zuckerraffinerien entstanden. Der Handel bewegte sich erst in den alten Bahnen. Bis in die Mitte des Jahrhunderts suchten die bremischen Schiffe nur die west- und nordeuropäischen Küsten auf, die wichtigsten Handelsgebiete waren England und
1783 Frankreich. Als aber die Vereinigten Staaten 1783 selbständig geworden waren, nahm die bremische Kaufmannschaft den Verkehr mit ihnen auf und stand bald mit Baltimore, Charleston, New York und Philadelphia in regster Verbindung. Besonders die Einfuhr von Tabak nahm immer größeren Umfang an. Diese Blüte des Handels entfaltete sich noch reicher, als England während des ersten Koalitionskriegs die holländische und französische Schiffahrt lahmlegte. Nun entwickelte sich von Bremen und Hamburg aus ein lebhafter Handel nach Frankreich, nach den Niederlanden und deren Kolonien, in das deutsche Binnenland, ja selbst in die Schweiz und nach Italien. Aber die allgemeinpolitischen Verhältnisse, welche diese goldene Zeit des bremischen Handels heraufführten, sollten sie nur zu bald vernichten.

Im Zeitalter Napoleons.

Der Reichsdeputationshauptschluß 1803. Angesichts des weitverzweigten Handels verfolgte Bremen auch während der Koalitionskriege seine Neutralitätspolitik; und wie einst Ludwig XIV. so erkannte jetzt die französische Republik im eigenen Interesse die Neutralität der hansischen Flagge an, obwohl die Städte ihren Pflichten gegen das Reich nachkamen und Kriegsbeiträge bezahlen mußten. Bei den Friedensunterhandlungen wollten die Hansestädte mit Hilfe Frankreichs beständige Neutralität in allen Reichskriegen gewinnen. Da England-Hannover dem schon wegen seiner Besitzungen in der Stadt selbst widersprechen mußte, suchte Bremen diese zu erwerben. Rastlos vertrat der Senator Georg Gröning in Rastatt und Paris, wo er Talleyrand zu gewinnen wußte, die Wünsche seiner Vaterstadt. Als ihm nach dem zweiten Koalitionskriege der Erfolg winkte, erweiterte der Rat seine Forderungen, indem er nun auch noch die im Stader Vertrag 1741 an Hannover

abgetretenen Hoheitsrechte wieder zu erwerben und den oldenburgischen Weserzoll abzuschütteln trachtete. Mit etwa 4 Millionen Mark, die in Frankreichs Kassen und einigen 100 000, die in Talleyrands und seiner Helfer Taschen flossen, gelang es, die Republik auch dafür zu gewinnen, so daß der Reichsdeputationshauptschluß 1803 Bremen 1803
großen Gewinn brachte. Wie den anderen selbständig bleibenden Reichsstädten wurde ihm Neutralität in allen Kriegen zugesprochen, es erhielt die in der Stadt und im Gebiet Bremens gelegenen Besitzungen Hannovers mit voller Staatshoheit. „Das Gebiet von Bremen begreift“, heißt es in § 27 der Urkunde, „den Flecken Vegesack samt Zugehörungen, das Grolland, den Barkhof, die Hemelinger Mühle, die Dörfer Hastedt, Schwachhausen und Vahr mit Zugehörungen und alles, was zwischen der Weser, den Flüssen Wumme und Lesum, den bisherigen Grenzen, und einer, von der Sebaldsbrücke über die Hemelinger Mühle bis an das linke Ufer der Weser gehenden Linie liegt, nebst allen vom Herzogtum und Domkapitel Bremen und überhaupt von dem Kurfürsten von Braunschweig-Lüneburg in gedachter Stadt und in dem genannten Gebiete abhängigen Rechten, Gebäuden, Eigentum und Einkünften“. Abgesehen von einigen Grenzregulierungen und der Erwerbung Bremerhavens hat das bremische Staatsgebiet damit seine heutige Gestalt erhalten. Der Elsflether Zoll wurde aufgehoben; doch gelang es dem Herzog von Oldenburg mit Hilfe Rußlands durchzusetzen, daß er den Zoll noch 10 Jahre erheben durfte.

In Napoleons Gewalt. Mit der Neutralität wähnte man ewigen Frieden gewonnen zu haben. Man begann die Befestigungen abzutragen und in Anlagen (die Wallanlagen) umzuwandeln und die Waffenvorräte zu verkaufen. Aber schon im Jahre des Reichsdeputationshauptschlusses brach der Krieg zwischen Frankreich und England von neuem aus und störte Bremen aus seinen Friedensträumen auf. Frankreich ließ durch Bernadotte Hannover besetzen, England blockierte die Weser. Vergebens reiste der unermüdliche Gröning nach London, um die Aufhebung der Blockade zu betreiben. So wurde erst Emden und, weil der Landweg von dorther zu langwierig war, dann Varel an der Jade Landungsplatz für die bremischen Schiffe. Aber auch zu Lande kam Drangsal. Bernadotte sperrte im Sommer 1804 alle aus dem neutralen 1804
Stadtgebiet nach Hannover führenden Straßen und zwang Bremen, den hannoverschen Landständen eine Anleihe zu geben, damit sie die Kosten der Besetzung aufbringen konnten. Noch weniger beachteten im folgenden Jahre Preußen und England die Neutralität, deren Truppen vorüber-

1806 gehend die Stadt besetzten. Als sich dann 1806 das Deutsche Reich auflöste, standen die Hansestädte völlig vereinzelt da. Ihre Vertreter be-
schlossen aber, sich weder dem Rheinbund noch dem geplanten Norddeutschen
Bund unter Preußen anzuschließen, sondern die Anerkennung ihrer
Neutralität und Unabhängigkeit von den Mächten zu erreichen. Bald nach
diesen Beschlüssen aber warf Napoleon Preußen nieder und verkündete die
Kontinentalsperre, welche den hansischen Handel erdrosseln
mußte. Schon am 20. November 1806 rückten französische Truppen in
Bremen ein. Wurde auch die Besitzergreifung der Stadt, die Oberst
Clément unter Überschreitung seiner Befehle verkündigte, bald widerrufen,
so blieb Bremen doch ständig von französischen Trup-
pen besetzt und hatte mit ungeheuren Kosten deren Verpflegung zu be-
streiten. Dazu kamen Riesensummen, welche die Kommandanten erpreßten.
Steuern über Steuern waren nötig, das Geld aufzubringen. Und
das in einer Zeit, wo der Handel infolge der Kontinentalsperre lahm
1807 lag. Ende 1807 erschienen auch französische Douaniers, um die Bestimmungen aufs schärfste durchzusetzen. Nur Schleichhandel war noch möglich.
1810 Immer härter wurde der Druck. Im Winter 1810 wurden Hausdurch-
suchungen in der ganzen Stadt nach englischen Erzeugnissen vorgenommen,
60 Wagen eingezogener Waren auf die Bürgerweide gebracht und
dort verbrannt. Um der Hansestädte in seinem Kampfe gegen England
noch sicherer zu sein, verfügte Napoleon endlich am 10. Dezember 1810
die Einverleibung der Küste bis Lübeck. Die Städte mußten schweigend
1811 gehorchen, und mit Beginn des Jahres 1811 trat Bremen unter
französische Herrschaft. Davout, der Generalgouverneur
der neuen Gebiete, ordnete rasch die Verwaltung. In Bremen nahm
Graf Arberg als Präfekt des Weserdepartements seinen Sitz,
Maire dieser neuen Munizipalstadt wurde Wichelhausen, bisher
Professor des Rechts am Gymnasium illustre. Der Senat ging auseinander, seine Mitglieder übernahmen zum Teil öffentliche Ämter, Georg
Gröning erhielt einen Sitz im Gesetzgebenden Körper zu Paris, andre
traten ins Privatleben. Rasch wurden französische Gesetze und Steuern
eingeführt. Manche nützliche Neuerung trat an Stelle des überlebten
Alten. Die Begräbnisplätze wurden von den städtischen Kirchhöfen vor
die Stadt verlegt, das Verkehrswesen verbessert, der Chausseebau eingeführt. Aber was bedeuteten diese Verbesserungen gegen die furchtbaren
Lasten, welche die neue Regierung den Bürgern auflud? Neue direkte und
indirekte Steuern, Kontributionen und vor allem Aushebungen von Mannschaften für Heer und Flotte machten die französische Herrschaft verhaßt.

Befreiung und Wiedergeburt. Die Nachrichten vom Untergang der großen Armee in Rußland 1812 erweckten auch in unsrer Gegend freudige 1812
Hoffnungen. Es kam zu unruhigen Bewegungen. In Brinkum wurde die Kutsche des Grafen Arberg, in der er, Gefahren vermutend, seine Effekten aus der Stadt geschickt hatte, ausgeplündert, er selbst wurde in der Stadt bedroht. Bald aber sammelten sich in Bremen französische Truppen, verstärkt durch Gendarms und Douaniers. Das Kommando übernahm St. Cyr. Ihm folgte das Morandsche Korps. Diese Truppen unternahmen von der Stadt aus Strafexpeditionen nach Geestendorf, wo Wurster Bauern eine Batterie, nach Blexen, wo Butjadinger eine Schanze erstürmt hatten. Am 30. März 1813 traf General Vandamme 1813
ein und trat mit großer Härte auf. Er ließ auf dem Waller Felde in der Blexer Schanze gefangene Bauern und zwei Oldenburger, welche einer nach dem Abzug des Präfekten in Oldenburg gebildeten Regierungskommission angehört hatten, erschießen und Lilienthal einäschern, weil sich angeblich einige Bauern an den Plänkeleien der bis Borgfeld vorgeschobenen Kosaken beteiligt hatten. So wurde die Ruhe wieder hergestellt und der Druck immer dumpfer. Söhne wohlhabender Familien wurden zur sogenannten Ehrengarde des Kaisers ausgehoben und nach Paris gebracht, mit unerbittlicher Strenge wurden neue Mannschaften unter Frankreichs Fahnen geschleppt. Für den Flüchtling büßten die Eltern. Inzwischen hatten die Befreiungskriege begonnen, aber nur die Departementszeitung brachte Nachrichten über ihren Verlauf. Sie erhob Napoleons Siege im Frühjahrsfeldzug laut, malte des Kaisers Erfolg bei Dresden im August glänzend aus, seine Niederlagen aber verschleierte sie. So waren die Bremer sehr überrascht, als am 13. Oktober Tettenborn mit Kosaken, Lützowschen und Reicheschen Jägern vor der Stadt eintraf. Der Kommandant, Oberst Thuillier, war fest entschlossen, sich zu halten, aber er fiel am 14. Oktober auf dem Walle unweit vom Ostertor durch die Kugel eines Lützowers. Angesichts der Gärung unter den Bürgern kapitulierte der neue Kommandant, und am 15. Oktober ritten die Kosaken in die Stadt ein. Doch wagte man nicht, die Unabhängigkeit zu verkündigen, stand ja Davout noch mit 15 000 Mann in der Nähe. Tettenborn leerte die kaiserlichen Kassen und zog wieder ab. Die kleine Besatzung, die er zurückließ, mußte schon am 20. Oktober wieder französischen Truppen weichen. Da traf am 25. Oktober die Nachricht von der Schlacht bei Leipzig ein, und die Franzosen verließen die Stadt wieder. Trotzdem wagte man noch immer nicht, sich von Frankreich loszusagen, so sehr hatte das Schicksal, das Davout Hamburg bereitet

hatte, die Gemüter eingeschüchtert. Erst als man erfuhr, wie groß der bei Leipzig errungene Erfolg sei, und Tettenborn wieder erschien, beschloß man, das bremische Staatswesen wiederherzustellen.
6. Nov. 1813 Am 6. November trat die Bürgerschaft nach alter Gewohnheit in der großen Halle des Rathauses zusammen, eine Proklamation des Kosakengenerals verkündete ihr im Namen des Kaisers von Rußland, daß der bremische Staat wiederhergestellt sei. Darauf wurde eine Regierungskommission aus ehemaligen Senatoren und ein bürgerschaftlicher Ausschuß gebildet.

Nun eilte die bremische Jugend zu den Fahnen. Fast 2 % der Bevölkerung ergriffen freiwillig die Waffen. Wohlhabende traten in das Lützowsche Freikorps ein. Heinrich Böse rüstete auf eigene Kosten eine Jägerkompagnie von 75 Mann aus und führte sie selbst ins Feld. Bernadotte wurden 500 Mann Infanterie und 150 Reiter gestellt. Am
1814 20. Januar 1814 führte die Regierung die allgemeine Wehrpflicht aller Bürger und Bürgerkinder vom 18. bis zum 45. Lebensjahre ein. Anfang Februar rückten die bremischen Truppen ins Feld, mußten aber vor Lüttich liegen bleiben und kehrten am 16. Juni heim, ohne gekämpft zu haben.
1815 Napoleons zweites Kaisertum rief sie 1815 wieder zu den Waffen. Sie sollten zu Wellingtons Truppen stoßen, trafen aber erst ein, als der Feldzug fast beendet war. Nur 50 Bremern, die bei den Lützowern standen, war es vergönnt gewesen, bei Ligny und Belle Alliance zu kämpfen.

Während der beiden Kriegsjahre war die Regierung bedacht, die Beziehungen Bremens zu den andern deutschen Staaten zu regeln. Um die Anerkennung der bremischen Selbständigkeit zu erringen, hatte der Senator Johann Smidt (1773—1857) schon einen Monat nach der Leipziger Schlacht Frankfurt aufgesucht, wo Stein die Zentralverwaltungskommission der eroberten deutschen Gebiete leitete. Es gelang ihm, die preußische und österreichische Anerkennung seines Staates zu erreichen. Um darauf einen Bundesvertrag zwischen Bremen und den Verbündeten abzuschließen, begleitete Smidt das Hauptquartier bis Paris. Erreichte er auch vorderhand sein Ziel nicht, so erwarb er sich doch das Wohlwollen der ersten Staatsmänner und eine genaue Kenntnis der auswärtigen Politik. Als der Kongreß zu Wien eröffnet wurde, begab er sich dorthin und gewann dort so großes Vertrauen, daß ihn die sogenannten mindermächtigen Staaten in die fünfgliedrige Kommission wählten, welche gemeinsam mit den Vertretern Österreichs und der Königreiche die Bundesakte beraten sollten. Endlich besorgte er zusammen mit dem Gesandten von Lippe und Waldeck die letzte Redaktion der Urkunde.

So ging Bremen aus den Drangsalen der napoleonischen Zeit mit all seinen alten Rechten hervor und stand als Mitglied des Deutschen Bundes gesicherter da denn je zuvor.

Bis zum Eintritt in das Deutsche Reich.

Die Gründung von Bremerhaven 1827. Gleich nach der Wiederherstellung des bremischen Staats und Oldenburgs lebte der Zwist wegen des Weserzolls von neuem auf. Stein hatte diesen nach der Vertreibung der Franzosen als eine den Verbündeten zugute kommende Abgabe wieder eingeführt, aber der Großherzog von Oldenburg fuhr auch nach dem Frieden fort, ihn zu erheben, indem er die Zeit seiner Vertreibung nicht in die ihm 1803 zugestandene Frist von 10 Jahren einrechnete. Proteste gegen den von Rußland unterstützten Fürsten waren erfolglos, endlich gelang es Smidt durch Vermittlung des Bundestags einen Vergleich zu erzielen, der
Oldenburg berechtigte, den Zoll noch bis zum 7. Mai 1820 einzustreichen. 1820
Nach Ablauf dieser Zeit suchte Großherzog Peter Friedrich Ludwig sich durch verkehrstörende Maßnahmen auf der Weser an Bremen für den Verlust zu rächen und war endlich bemüht, den Ruf der Stadt als Seehafen zu vernichten. Obwohl nämlich die Seeschiffe meist im oldenburgischen Brake anliefen (vgl. S. 24), wurde in den Schiffslisten Bremen als Bestimmungs- und Abgangsort genannt. Der Herzog ließ nun dafür Brake einsetzen. Um allen von Oldenburg drohenden Gefahren mit einem Schlage ein Ende zu bereiten, griff Smidt einen schon 1795 erwogenen Plan auf, einen Hafen am rechten Ufer der Wesermündung anzulegen.
Es gelang ihm, am 11. Januar 1827 mit der hannoverschen 1827
Regierung einen Vertrag abzuschließen, nach dem diese gegen Abtretung eines Landstrichs am linken Ufer der Wörpe Bremen ein Gebiet an der Einmündung der Geeste in die Weser überließ. Schon am 13. September 1830 konnte das erste Schiff in die Schleuse des neuen Hafens, Bremerhavens, einfahren. Bald verstummten die Bedenken, welche in Bremen gegen das Unternehmen laut geworden waren, denn der transozeanische Handel blühte, gefördert durch Handelsverträge mit den Vereinigten Staaten, Brasilien u. a., immer mehr auf. Auch der stets wachsende Auswandererverkehr wurde zum großen Teil über Bremen gelenkt. Endlich gelang es, eine amerikanische Gesellschaft, welche einen regelmäßigen Dampferverkehr mit Europa plante, zu veranlassen,
daß sie Bremerhaven als Ziel wählte. Am 19. Juni 1847 wurde der 1847
erste transozeanische Dampfer, „Washington", dort festlich begrüßt. Schon Ende der 40er Jahre genügten die Hafenanlagen dem

351. 1876 wachsenden Verkehr nicht mehr, 1851 wurde ein zweites Hafenbassin, 1876
1892 bis 1897 ein drittes, der Kaiserhafen, eröffnet und 1892—1897 erweitert. Rasch
wie der Schiffverkehr hob sich auch die Besiedlung des neu angelegten Ortes.

Verfassungskämpfe. Nach dem endgültigen Abzug der Franzosen war
wieder die 1433 durch die „Tafel“ aufgerichtete und 1534 durch die „Neue
Eintracht“ wiederhergestellte Verfassung in Kraft getreten. Aber unter
dem Einfluß der freiheitlichen Ideen, die sich überall in Deutschland regten,
forderte der Bürgerkonvent, dessen Mitwirkung an Staats-
geschäften sehr beschränkt war (vgl. S. 20), *Erweiterung seiner
Rechte*. Da er „Notabelnversammlung“ war, dessen Mitglieder kraft
ihrer sozialen Stellung ein lebenslängliches Recht hatten, an ihm teilzu-
nehmen, vertrat er aber keineswegs die Sache aller Bürger. Er erreichte,
daß eine Verfassungsdeputation eingesetzt wurde; doch die einzige Frucht,
welche die Verhandlungen zeitigten, war ein neues *Senatswahl-
gesetz*, das, vom Senat aus eigenem Antrieb vorgelegt, am 22. März
1816 1816 Gesetzeskraft erlangte. Darin verzichtete der Rat auf sein Selbstergänzungsrecht zugunsten einer Teilnahme des Bürgerkonvents an der
Urwahl dreier Männer, unter denen der Senat sein neues Mitglied zu
wählen hatte. — Erst im Revolutionsjahre 1848 trat eine entscheidende
Verfassungsänderung ein. Die Nachrichten über die *Februar-
revolution* in Paris brachten die ohnehin durch neue Steuern, welche
wegen der Hafenanlagen in Bremerhaven und des Baues der ersten Eisenbahn nötig waren, erregte Bevölkerung in Wallung. Die gesamte Bürgerschaft, nicht wie vorher nur der Bürgerkonvent, forderte politische Rechte.
1848 Am 7. März 1848 berief der im Jahre zuvor begründete *Bürger-
verein* eine öffentliche Versammlung, die beschloß, eine durch allgemeines
Wahlrecht berufene *verfassunggebende Versammlung* und
uneingeschränkte *Preßfreiheit* zu verlangen. Diesen Forderungen,
denen man am nächsten Morgen noch den Wunsch nach *Trennung der
Justiz von der Verwaltung*, nach Geschworenengerichten und
Förderung eines *Deutschen Parlaments* hinzufügte, überbrachte
am 8. März eine Deputation dem im Rathause tagenden Senate, während
sich auf dem Marktplatz Volksmassen ansammelten. Der Senat gab nach,
eine Deputation arbeitete die Wahlordnung für eine *verfassunggebende Versammlung* aus, deren 300 Mitglieder bereits am
19. März zusammentraten. Sie stellten eine Verfassung auf, die 300 durch
allgemeines und direktes Wahlrecht gekorenen Volksvertretern, der Bürgerschaft, in allen Fragen der inneren und auswärtigen Politik die Entscheidung in die Hände legte. Dem Senat blieb nur ein aufschiebendes

Veto. Justiz und Verwaltung, bisher in der Hand des Senats vereint, wurden getrennt, das Kollegium der Elterleute aufgelöst und an seiner Stelle eine Handelskammer gebildet. Am 8. März 1849 erhielt 1849
diese Verfassung Gesetzeskraft. Aber schon hatten sich die Verhältnisse im Reich geändert, in den meisten übrigen Staaten hatten die Herrscher die Neuerungen des Revolutionsjahres unterdrückt; bald darauf ging das Frankfurter Parlament auseinander und 1851 erzwang Österreich die 1851
Wiederherstellung des Deutschen Bundes. Dieser blickte mit um so größerem Mißfallen auf die demokratische Verfassung Bremens, als sich hier unter der Führung des Pastors an der Liebfrauenkirche Rudolf Dulon eine radikal-demokratische Partei gebildet hatte. Ja Bremen geriet in den Ruf, Mittelpunkt der revolutionären Bewegung Europas zu sein. Als sich die Bürgerschaft weigerte, die Verfassung mit den Grundgesetzen des Deutschen Bundes in Übereinstimmung zu bringen, wie der Bundestag zu Frankfurt forderte, entsandte dieser den hannoverschen Generalmajor Jacobi als Bundeskommissar nach Bremen, mit dessen Einverständnis der Senat die Bürgerschaft am 29. März 1852 auflöste und ein provisorisches Gesetz über die Wahl 1852
einer neuen verkündigte. Mit dieser aus 150 Mitgliedern bestehenden Bürgerschaft arbeitete er alsbald eine neue Verfassung aus, die am 21. Februar 1854 in Kraft trat. Sie ist, abgesehen von einigen 1854
Änderungen, noch heute gültig.

Die heutige Verfassung. Der Senat besteht aus 16 Mitgliedern, von denen 10 Rechtsgelehrte, 3 Kaufleute sein müssen. Sie werden durch ein verwickeltes Wahlverfahren von Senat und Bürgerschaft auf Lebenszeit gewählt. An der Spitze des Senats stehen 2 auf 4 Jahre gewählte Bürgermeister. Alle 2 Jahre tritt einer von ihnen aus. Einer der Bürgermeister ist für die Dauer je eines Jahres Präsident des Senats. Mit der Handhabung der verschiedenen Geschäftszweige sind ständige Ausschüsse oder einzelne Mitglieder beauftragt. Der Senat hat die vollziehende Gewalt, sowie die Leitung und Oberaufsicht in allen Staatsangelegenheiten. Die Bürgerschaft besteht aus 150 Mitgliedern, die für 6 Jahre gewählt werden, und zwar 14 vom Gelehrtenstand, 40 vom Kaufmannskonvent, 20 von den Gewerbetreibenden, 48 von den übrigen Bewohnern, 4 von Vegesack, 8 von Bremerhaven, 8 von den Landwirten, 8 von den übrigen Bewohnern des Landgebietes. Alle 3 Jahre scheidet die Hälfte aus, so daß die Bürgerschaft ständig versammelt ist. Wähler und wählbar sind all Staatsbürger. Ein aus dem Geschäftsvorstande, d. i. dem Präsidenten, mehreren Vizepräsidenten und Schriftführern und 18 andern

Vertretern bestehender Ausschuß bildet das Bürgeramt; es hat auf die Aufrechterhaltung der Verfassung, der Gesetze und Staatseinrichtungen zu achten, Mitteilungen zwischen Senat und Bürgerschaft zu vermitteln, die Versammlungen zu veranstalten und die Tagesordnung festzusetzen. — Die Bürgerschaft wirkt bei der Ausübung der Staatsgewalt gemeinsam mit dem Senat. Der gemeinschaftlichen Tätigkeit unterliegen die Genehmigung von Verträgen mit auswärtigen Regierungen, die Erlassung, Abänderung und Aufhebung von Gesetzen, die Festsetzung der öffentlichen Abgaben, die Verwaltung des Staatsvermögens, die Errichtung von Staatsanstalten und neuen Beamtenstellen. Zur Verwaltung wichtigerer Angelegenheiten bestehen aus Mitgliedern des Senats und der Bürgerschaft gebildete Deputationen, in denen ein Senator den Vorsitz führt.

Wirtschaftsleben. Die nach den Befreiungskriegen aufknospende Blüte des Handels entfaltete sich mit der fortschreitenden Ausbildung der Verkehrsmittel immer reicher. Die 1847 von der amerikanischen Gesellschaft (vgl. S. 35) eröffnete Dampferverbindung mit Amerika befruchtete
1857 den Handel ungemein. Als jene sich auflöste, trat an ihre Stelle der 1857 von H. H. Meier begründete Norddeutsche Lloyd, der sich zu einem weltumspannenden Unternehmen entwickelte. Den Verkehr mit dem Binnenland hob die Eisenbahn. Die erste wurde als gemeinsame
1847 Staatsbahn Bremens und Hannovers 1847 auf der Strecke von Bremen nach Wunstorf eröffnet. 1862 folgte die Bremen—Geeste-Bahn mit der Zweigbahn Burg—Vegesack, 1867 die Linie Bremen—Oldenburg, 1873 Langwedel—Uelzen, 1873/74 Osnabrück—Bremen—Hamburg. — Außer dem Tabak wurden seit der Mitte des Jahrhunderts Baumwolle und Reis die wichtigsten Stapelartikel.

Bremen als Glied des Deutschen Reiches.

Die sichere Grundlage für sein Gedeihen und seine Selbständigkeit gewann das kleine Staatswesen aber erst durch seinen Anschluß an Preußen und das Deutsche Reich. Seit der napoleonischen Zeit war in der Stadt, die Jahrhunderte hindurch dem Reiche fremd gegenübergestanden hatte, die
1848 nationale Idee nicht wieder erloschen. 1848 hatte Bremen 2 Vertreter, darunter den Senator Arnold Duckwitz in das Vorparlament und die Deutsche Nationalversammlung entsendet. Als Erzherzog Johann zum Reichsverweser gewählt wurde, übernahm Duckwitz das Handelsministerium, später auch das Marinewesen. Er war es, der auf Bremens und Hamburgs Anregung die deutsche Flotte schuf,
1849 welche sich 1849 unter Admiral Brommy auf der Weser versammelte und

am 4. Juni 1849 die Feuertaufe bei Helgoland empfing. — Als dann 1859 die nach dem Revolutionsjahre zurückgedrängte Einheitsbewegung mit erneuter Wucht einsetzte, fand sie in Bremen begeisterte Anhänger, und willig folgten Senat und Bürgerschaft 1866 der Aufforderung Preußens, 1866
sich im Kampfe gegen Österreich dem neuen deutschen Bunde anzuschließen. Unter Preußens Fahnen rückte das bremische Kontingent zur Mainarmee, bei der es allerdings erst nach den entscheidenden Kämpfen eintraf; doch konnte das bremische Bataillon noch am 24. Juli am Treffen bei Werbach (Tauber) teilnehmen und das Dorf erstürmen.

Nach dem Kriege vertrat der Senator Otto Gildemeister bei den Berliner Beratungen über Bismarcks Verfassungsentwurf des Norddeutschen Bundes Bremen. Den Hansestädten wurde gestattet, außerhalb der Zollgrenze des Bundes zu bleiben, solange es ihnen beliebte, aber sie mußten die Handelspolitik und die Schiffahrt den Gesetzen des Bundes unterstellen, die Militärhoheit an Preußen abtreten. 1867 wurde das bremische Bataillon aufgelöst, an seine Stelle 1867
trat das erste Bataillon (seit 1893 auch das zweite) des ersten Hanseatischen Infanterie-Regiments Nr. 75.

Reich war der Gewinn, den der Anschluß an den mächtigen Nachbarn brachte, denn die Beziehungen des kleinen Staates, die sich über alle Meere verzweigen, erfreuen sich eines besseren Schutzes als je zuvor. Mit freudiger Hingabe trat man deshalb 1870/71 für die deutsche Sache ein. 1870/71
War es unsern 75ern auch nicht vergönnt, in den Hauptschlachten in Frankreich mitzukämpfen, da sie zuerst die Wacht an der Weser- und Elbemündung zu halten hatten, so fochten sie doch in den schweren Winterkämpfen an der Loire mit Auszeichnung. Am 2. Dezember 1870 erstürmten sie in der Schlacht bei Loigny-Poupry gemeinsam mit der 76ern und den Bayern das Dorf Loigny.

Als Glied des Deutschen Reiches nahm Bremen reichen Anteil an dem wirtschaftlichen Aufschwung, der dem Kriegsjahre folgte. Der Handel gewann immer mehr an Umfang, und auch die Industrie wird immer heimischer in der Stadt. Wiederholt war eine Erweiterung der Hafenanlagen in Bremerhaven nötig. Um aber den Seeschiffen auch den seit Jahrhunderten versandeten Weg nach Bremen wieder zu bahnen, wurde nach einem Entwurf des Oberbaudirektors Franzius eine Unterweserkorrektion vorgenommen, indem man 1883—1886 die Lange Bucht 1883-1886
bei Lankenau durchstach und 1887—1895 durch Strombauten und Aus- 1887-1895
baggerung das Fahrwasser vertiefte. Ein 1885—1888 angelegter Freihafen, dem der Bau weiterer Hafenbassins folgte, nimmt die von der

Flutwelle zur Stadt getragenen Schiffe auf. Als er vollendet war, gab Bremen seine Zollfreiheit auf und trat zusammen mit Hamburg
1888 am 15. Oktober 1888 in das deutsche Zollgebiet ein.

Aber nicht nur wirtschaftlichen Aufschwung brachte der Anschluß an das Reich. Auch die Kultur entfaltete sich reicher als in frühern Jahrhunderten, und heute blüht ein reges geistiges und künstlerisches Leben in unsrer Stadt.

Literatur zur bremischen Geschichte.

Wilhelm von Bippen, Geschichte der Stadt Bremen. 3 Bde. Bremen 1892, 1898, 1904.

Franz Buchenau, Die freie Hansestadt Bremen und ihr Gebiet. 3. Aufl. Bremen 1909.

Otto Veeck, Geschichte der reformierten Kirche in Bremen. Bremen 1909.

Bremisches Jahrbuch. Herausgegeben von der Historischen Gesellschaft des Künstlervereins. Bremen seit 1863.

Denkmale der Geschichte und Kunst der freien Hansestadt Bremen. 3 Teile 1862—76.

Bremen und seine Bauten. Herausgegeben vom Architekten- und Ingenieur-Verein. Bremen 1900.

Jahrbuch der bremischen Sammlungen. Bremen 1908 ff.

Karl Schäfer, Bremen. Stätten der Kulter. Bd. 3. Leipzig.

Buchdruckerei des Waisenhauses in Halle a. d. S.

Heinrich Hohmann

Schlachte 35 — Roland 6686

Bindfäden, Tauwerk, Drahtseile, Segeltuche, Scheuertücher etc.

Beerdigungs-Institut „Pietät"

Gebr. Stubbe. Bremen, Humboldtstr. 190-92

Fernruf Hansa 42745 und 42746

Zweigstelle: Utbremerstr. 158, Fernruf Weser 82411

Großes Lager in Tuch-, Holz- und Metall-Särgen

Vollständige Übernahme aller für eine Bestattung erforderlichen Angelegenheiten

Eigene Bestattungswagen

Überführung in vornehm ausgestattetem Wagen oder Automobil

Begleitwagen, Trauer-Dekorationen, Urnen

KLISCHEE-FABRIK
CARL RICHTER
BREMEN, PELZERSTR. 23
RUF: DOMSHEIDE 20283
GEGR. 1890
• DAS ZEICHEN DER QUALITÄTSARBEIT •

Zeitfracht Medien GmbH
Ferdinand-Jühlke-Straße 7
99095 Erfurt, Deutschland
produktsicherheit@kolibri360.de